Benedikt Hamich

Social Media in der Non-Profit-PR

Einsatz von Facebook, Twitter und Co
in der Öffentlichkeitsarbeit
der deutschen Bistümer

Diplomica® Verlag GmbH

Hamich, Benedikt: Social Media in der Non-Profit-PR: Einsatz von Facebook, Twitter und Co in der Öffentlichkeitsarbeit der deutschen Bistümer, Hamburg, Diplomica Verlag GmbH 2012

ISBN: 978-3-8428-9063-3
Druck: Diplomica® Verlag GmbH, Hamburg, 2012

Bibliografische Information der Deutschen Nationalbibliothek:
Die Deutsche Nationalbibliothek verzeichnet diese Publikation in der Deutschen Nationalbibliografie; detaillierte bibliografische Daten sind im Internet über http://dnb.d-nb.de abrufbar.

Die digitale Ausgabe (eBook-Ausgabe) dieses Titels trägt die ISBN 978-3-8428-4063-8 und kann über den Handel oder den Verlag bezogen werden.

Inhalt

II. Tabellen- und Abbildungsverzeichnis

III. Abkürzungsverzeichnis

AN = Aetatis Nova

bspw. = beispielsweise

ca. = circa

CeP = Communio et Progressio

CMS = Content Management System

CoSo = Communicatio Socialis

CuRdM = Chancen und Risiken der Mediengesellschaft

DBK = Deutsche Bischofskonferenz

IM = Inter mirifica

Jhd. = Jahrhundert

KNA = Katholische Nachrichtenagentur

NPO = Non Profit Organisation

PR = Public Relations

TdKH = Theorie des Kommunikativen Handelns

u.a. = und andere

VÖA = Verständigungsorientierte Öffentlichkeitsarbeit

WWW = World Wide Web

z.B. = zum Beispiel

1. Einleitung

PR in der katholischen Kirche ist aus verschiedensten Gründen ein erforschenswertes Thema. Die katholische Kirche hat die PR zwar nicht erfunden, aber zumindest geht auf ihre Missionierungstätigkeit der Begriff der Propaganda[1] zurück. Die Anfänge christlicher PR lassen sich mit etwas Fantasie bereits im Alten Testament finden.[2] Darüber hinaus sticht die katholische (und auch die evangelische) Kirche unter anderen PR-betreibenden Organisationen durch ihre eigenen Medienangebote wie Bistumszeitungen und Radiosender bis hin zur katholischen Nachrichtenagentur hervor. Eine weitere Besonderheit von PR der katholischen Kirche ist, dass im traditionellen Verständnis von PR immer die Aufgabe mitschwingt, den christlichen Glauben zu verkündigen. Durch das Aufkommen von Social Media als neuem Phänomen im Internet[3] steht nun auch die PR der katholischen Kirche mit all ihren Besonderheiten vor neuen Herausforderungen. Allerdings dreht sich innerhalb der katholischen Kirche die Diskussion über den Einsatz von Social Media eher um den Einsatz in der Seelsorge als in der PR.[4] Aber gerade weil die katholische Kirche sich derzeit in der Krise befindet, die von sinkendem Bedeutungsverlust und Autoritätsgläubigkeit der Katholiken und einer Vertrauenskrise durch zahlreiche Missbrauchsskandale geprägt ist, böte Social Media verschiedene Chancen, sich wirklich in einer dialogischen PR zu üben. Ziel dieser Studie ist es, vor dem theoretischen Hintergrund des von Roland Burkart entwickelten Modells einer Verständigungs-orientierten Öffentlichkeitsarbeit (VÖA) zu untersuchen, wie Social Media in den Deutschen Bistümern als föderale Untereinheiten der katholischen Kirche eingesetzt wird. Dafür soll geklärt werden, ob die Voraussetzungen bestehen, Social Media im Sinne der VÖA einzusetzen, und welchen Beitrag Social Media für solche VÖA leisten kann.

---

[1] Vgl. Vaih-Bauer, Christina: Propaganda. In: Lies, Jan (Hrsg.): Public Relations. Ein Handbuch. Stuttgart 2008. S.431ff.

[2] So stellte Roland Burkart die Frage, was die Kommunikationswissenschaft vom Alten Testament lernen könne und ob Moses eher Propagandist oder moderner Kommunikationsmanager gewesen sei. Vgl. Burkart, Roland: Der liebe Gott, Moses und Public Relations. Was die Kommunikationswissenschaft aus dem Alten Testament lernen kann . In: Vom Vorwort bis zum Friedhofsgespräch. Randlinien gesellschaftlicher Kommunikation. Communicatio Socialis Beiheft 11. Festschrift für Walter Hömberg . Ostfildern-Ruit. 2010. S.22ff.

[3] Zwar umfasst das Internet weit mehr, als das world wide web, aber da beide Begriffe heute nahezu synonym verwendet werden und Teile des Internets außerhalb des WWW für diese Arbeit keine Rolle spielen, werden beide Begriffe auch hier synonym verwendet.

[4] Vgl. Büsch, Andreas: Das Soziale Netz als Kommunikationsplattform. Mehr als eine Jugendpastorale Herausforderung. In: Communicatio Socialis. 44(2011)1. S.20ff.

1.1. Forschungsstand

Public Relations ist ein wenig erforschtes Feld und Social Media ist ein recht neues Phänomen. Aus diesen beiden Gründen fehlt es an grundlegenden Forschungsergebnissen. Im Gegensatz dazu gibt es immer neue Ratgeberliteratur für den Einsatz von Social Media in der PR oder Literatur mit einem starken Fokus auf die praktische Anwendung.

Auch existieren bei einem „Hypethema" wie Social Media und dessen Einsatz in der PR eine Vielzahl von Untersuchungen, gerade im Bereich studentischer Abschlussarbeiten. Allerdings besitzen diese auf Grund der permanenten Veränderungen in diesem Bereich oftmals nur eine geringe Halbwertszeit. Außerdem befassen sich solche Studien – ähnlich wie es diese Untersuchung tut – immer nur mit einem kleinen Teilbereich. Als größere Studie, die den Social Media-Einsatz in der PR untersuchte, ist die Social Media Governance 2011-Studie von Zerfaß und Fink zu nennen, die die wachsende Bedeutung von Social Media in der PR und einen Kompetenzgewinn bei den PR-Schaffenden feststellte. Erfreulicherweise gibt es aber im kirchlichen Bereich einige Untersuchungen und Aufsätze, die sich mit der Thematik Kirche in Verbindung mit Medien, PR und auch Social Media befasst haben. In ihrer Dissertation untersuchte Kooper 2007 die katholische Kirche im Internet und den Informationsbedarf der Nutzer[5] und stellte einen Wunsch nach Dialog bei diesen fest. Das Social Web untersuchte bisher am umfangreichsten die Studie „Kirchliche Sinnangebote im Web 2.0" der Akademie Bruderhilfe-Pax-Familienfürsorge, in der die Angebotsseite im Fokus stand und die bereits den mittelfristigen Bedeutungsgewinn von Facebook betonte. Facebook stand auch im Mittelpunkt der Diplomarbeit von Christian Wode, der 2010 die Einsatzmöglichkeiten Sozialer Netzwerke im kirchlichen Kontext untersuchte und zu dem Ergebnis kam, dass kirchliche Angebote oftmals auf privatem Engagement beruhten und selten von der offiziellen Amtskirche betrieben wurden. Jens Albers legte als Magisterarbeit die Studie „Gott auf allen Kanälen. Die katholische Medienlandschaft in Deutschland. Eine Bestandsaufnahme" vor, welche die Strukturen der katholischen Medienlandschaft untersuchte. Dabei spielte die klassische PR jedoch nicht die Hauptrolle. Er erkannte vor allem eine generelle Verflechtung von PR und kirchlichem Journalismus und zeigte die Komplexität der katholischen Medien auf. Eine Studie des Lehrstuhls für Pastoraltheologie und Religionspädagogik der Universität Münster aus den Jahren 2001 und 2002 untersuchte die Arbeit und die Qualität der Bistumspressestellen und kam zu dem Ergebnis, dass trotz weniger Ressourcen eine professionelle PR betrieben werde. In einem eher anekdotischen Aufsatz aus dem Jahr

---

[5] Um die Lesbarkeit dieser Arbeit zu verbessern, wird auf das Ausschreiben der weiblichen Formen verzichtet.

2004 in Communicatio Socialis (CoSo) beschrieb auch Deckers die Arbeit der kirchlichen Presse- und Öffentlichkeitsarbeit und kritisierte deren uneinheitliches Arbeiten und deren defensiven Charakter. Präziser analysierte Klenk in einem Aufsatz in CoSo im Jahr 2010 die Lage der Bistumszeitungen in Deutschland, die unter sinkenden Auflagen und Bedeutungsverlust leiden.

1.2. Aufbau der Studie

Das zweite Kapitel dieser Studie wird sich dem Thema PR widmen. Nach der Definition und Abgrenzung des Begriffs werden zum Überblick über verschiedene PR-Ansätze die vier PR-Modelle von Gruning und Hunt erläutert und dann auf die generelle Problematik der PR-Theorie hingewiesen. Um diese Studie theoretisch zu verorten, wird dann die Theorie des kommunikativen Handelns von Jürgen Habermas dargelegt. Denn auf dieser fußt das von Roland Burkart entwickelte Konzept der Verständigungsorientierten Öffentlichkeitsarbeit, das im Anschluss dargelegt wird. Folgend werden verschiedene Formen der PR, die Besonderheiten der Non Profit-PR sowie des Berufs des PR-Schaffenden dargelegt. Dem folgt im dritten Kapitel die Definition und Erklärung von Social Media. Dabei werden auch verschiedene Angebotsformen von Social Media und deren Nutzung untersucht. Ferner wird auf die Social Media-Nutzung in der PR eingegangen. Das vierte Kapitel behandelt das Verhältnis der katholischen Kirchen und den Medien. Dafür werden zuerst die Situation und das Selbstverständnis der Organisation erläutert und dann ein Einblick in ihr Medienverständnis gegeben. Dann wird die kirchliche Medienlandschaft erklärt. Wesentlicher Teil ist der Bezug der Kirche zu Social Media und PR. Dem folgt eine Darlegung, inwieweit die katholische Kirche überhaupt zu einem Diskurs fähig ist, wie ihn die VÖA fordert. Im fünften Kapitel wird die in dieser Studie verwendete Methodik der Experteninterviews erläutert sowie das Forschungsdesign und dessen Operationalisierung erläutert. Danach steht die eigentliche Untersuchung in Form der Auswertung der geführten Interviews und die Bildung von Typen.

2. Public Relations

2.1. Begriff und Abgrenzung

In der Fachliteratur existieren mehrere tausend Definition davon, was Public Relations oder Öffentlichkeitsarbeit eigentlich genau sind.[6] *„Festzuhalten ist (…), daß es keine allgemeingültige Bestimmung des PR-Begriffs geben kann, da Public Relations aufgrund ihrer interdisziplinären Ausrichtung im Rahmen öffentlicher Kommunikation alle Perspektiven einnehmen 'müssen', um erfolgreich zu* agieren"[7]. Allerdings ist eine gewisse Systematik der verschiedenen PR-Definitionen möglich. So lassen sich Praktikerdefinitionen und Standespolitische Definitionen (wie die der Deutschen Public Relations Gesellschaft) als Praxis- oder Berufsfelddefinitionen von wissenschaftlichen Definitionen trennen.[8] Grob lassen sich nach Faulstich PR-Definitionen auch in zwei Kategorien einteilen, in betriebswirtschaftliche und kommunikationswissenschaftliche Auffassungen.[9] Daneben existieren wegen des multidisziplinären Charakters der PR auch Definitionen aus der Soziologie, der Psychologie oder der Politikwissenschaft. Auch unterscheiden sich verschiedenen Herangehensweisen an das Phänomen PR durch die verwendeten Paradigmen. Auf die Darstellung der reichlich vorhandenen systemtheoretischen PR-Ansätze und des Konstruktivismus wird hier verzichtet, da sie nicht im Zusammenhang mit dem Erkenntnisinteresse dieser Arbeit stehen.

Von Marketing und Werbung lässt sich PR dadurch abgrenzen, dass sie nicht in erster Linie dem Absatzmarkt dient und für Veröffentlichung gezahlt wird.[10] Vom Begriff der Propaganda, der im 17. Jahrhundert die Missionstätigkeit der katholischen Kirche bezeichnete, lässt sich PR schwerer abgrenzen. Normativ betrachtet, ergibt sich ein Unterschied zwischen PR und Propaganda durch das Fehlen eines objektiven Wahrheitsgehaltes der Propaganda und deren Ziel der Manipulation.[11]

Während amerikanische PR-Pioniere wie Bernays und Ivy Lee Massenspsychologische Ansätze verfolgten, stehen im deutschen Sprachraum gesamtgesellschaftliche Interessen

---

[6] Vgl. Kunczik, Michael: Public Relations. Konzepte und Theorien. Köln, Weimar, Wien 2010. S.28.
[7] Kückelhaus, Andrea: Public Relations: Die Konstruktion von Wirklichkeit. Kommuniktionstheoretische Annäherung an ein neuzeitliches Phänomen. Wiesbaden 1998. S.136.
[8] Vgl. Fröhlich, Romy: Die Problematik der PR-Definition(en). In: Bentele, Günter; Fröhlich, Romy; Szyska, Peter (Hrsg.): Handbuch der Public Relations. Wissenschaftliche Grundlagen und berufliches Handeln. Wiesbaden 2005. S.95ff.
[9] Vgl. Faulstich, Werner: Grundwissen Öffentlichkeitsarbeit. München 2000.S.11.
[10] Vgl. Barthenheier, Günter: Zur Notwendigkeit der Öffentlichkeitsarbeit – Ansätze und Elemente zu einer allgemeinen Theorie der Öffentlichkeitsarbeit. In: Haedrich, Günther, Barthenheier, Günter; Kleinert, Horst (Hrsg.): Öffentlichkeitsarbeit. Dialog zwischen Institutionen und Gesellschaft. Ein Handbuch.Berlin; New York 1982. S.16.
[11] Vgl. Vaih-Bauer. S.431ff.

und Öffentlichkeit im Fokus. Hundhausen definierte PR als *„die Unterrichtung der Öffentlichkeit (oder ihrer Teile) über sich selbst mit dem Ziel, um Vertrauen zu werben.“*[12] Auch Oeckel, der die Formel aufstellte: *„Öffentlichkeitsarbeit = Information + Anpassung + Integration“* definierte PR als *„das bewußt und geplante und dauerhafte Bemühen, gegenseitiges Verständnis und Vertrauen in der Öffentlichkeit aufzubauen und zu pflegen.“*[13] Diesen normativ aufgeladenen PR-Definitionen liegt der Gedanke zu Grunde, dass durch (wahrheitsgemäße) Information Vertrauen in den PR-Betreiber geschaffen werden könne. Wie genau und mit welchen Mitteln dies geschehen soll, bleibt aber unklar. Betonung von Gemeinwohlorientierung und Dialogfunktion finden sich auch in neueren wissenschaftlichen Definitionen wie der von Bentele, die aber nicht unterschlägt, das Persuation auch Bestandteil der PR ist: *„Öffentlichkeitsarbeit oder Public Relations sind das Management von Informations- und Kommunikationsprozessen zwischen Organisationen einerseits und ihren internen oder externen Umwelten (Teilöffentlichkeiten) andererseits. Funktionen von Public Relations sind Information, Kommunikation, Persuation, Imagegestaltung, kontinuierlicher Vertrauenserwerb, Konfliktmanagement und das Herstellen von gesellschaftlichem Konsens.“*[14] Festzuhalten ist, dass Information die Grundlage für Vertrauen schafft, da es Unsicherheit reduziert und Sicherheit wiederum Nährboden für neues Vertrauen ist.[15]

Wie oben erwähnt gibt es auch aus der Praxis PR-Definitionen, wie diese hier, die vom Erzbistum Köln veröffentlicht wurde: *„Öffentlichkeitsarbeit zielt [...] auf die langfristige Wirkung, sie managt die Kommunikationsbeziehungen zwischen Institution und Öffentlichkeit, sie umfasst alle Maßnahmen, die im Zuge dieser Aktivität zur kontinuierlichen Information über Einstellungen, Meinungen und Verhalten eingesetzt werden. Hauptaufgabe der Öffentlichkeitsarbeit sind Vertrauensbildung und Imagepflege. Was nicht in die Öffentlichkeit gebracht wird, nimmt die Öffentlichkeit nicht wahr.“*[16] Auch dieser, der katholischen PR entstammenden Definition liegt – ergänzt um Imagepflege und Kommuniktionsmanagement – ein PR-Verständnis zu Grunde, das auf Information und Vertrauen abzielt.

---

[12]Vgl. Kunczik. S.29.
[13] Faulstich. S.23.
[14]Bentele, Günter: Grundlagen der Public Relations. Positionsbestimmung und einige Thesen. In: Donsbach, Wolfgang (Hrsg.): Public Relations in Theorie und Praxis. Grundlagen und Arbeitsweisen der Öffentlichkeitsarbeit in verschiedenen Funktionen. München 1997. S.22.
[15]Vgl.Kückelhaus. S.141.
[16] Vgl. Stabsabteilung Medien des Erzbistums Köln (Hrsg.):Alle sollen es wissen: Leitfaden für Öffentlichkeitsarbeiterinnen und -arbeiter in den Seelsorgebereichen und Einrichtungen des Erzbistums Köln. Köln 2010. S10.

Ein auf Vertrauen und Verständnis aufbauendes PR-Bild liegt auch dieser Studie zu Grunde. Denn ohne Vertrauen kann keine echte Kommunikation stattfinden und umgekehrt kann ohne Kommunikation auch kein Vertrauen entstehen.[17] Zwar kritisiert bspw. Kunczik, dass derartige Definitionen das Ziel der PR Interessen durchzusetzen vernachlässigen würden, aber diese Kritik greift zu kurz.[18] So weist Burkart solche Kritiken in Bezug auf das von ihm entwickelte und in dieser Studie verwendete Konzept einer VÖA zurück. PR dürfe laut ihm nicht mehr nur auf die Ebene der Information beschränkt werden, sondern das Hauptaugenmerk müsse auf der Ebene der Glaubwürdigkeit liegen und dabei verstehen, auch mit gesellschaftlichen Konflikten umzugehen.[19] Dafür sei es aber notwendig, mit den Menschen zu reden.

2.2. Die Vier Public Relations Modelle nach Gruning und Hunt

Für eine solche PR, wie sie Burkart vorschwebt, ist echter Dialog notwendig. Eine solche PR erläutern Gruning und Hunt als die am weitesten entwickelte PR-Form in ihren System der vier PR Modelle. So teilen sie PR in vier Modelle ein, die auch in historischen Entwicklungsschritten der PR entsprechen sollen, je nachdem, welches Ziel verfolgt werden soll. Im Publicity-Modell wird asymmetrische Einwegkommunikation, die sich auf den Kommunikator zentriert, betrieben. Es soll positive Aufmerksamkeit und Publizität für die Organisation, die PR betreibt, hergestellt werden. Ebenso auf Einwegkommunikation zentriert ist das Modell der Informationstätigkeit. Jedoch steht hier die Information im Mittelpunkt. Im Gegensatz zu diesen beiden Modellen will das Modell der asymmetrischen Kommunikation nicht nur informieren, sondern wirklich überzeugen und einen Austausch zwischen Sender und Empfänger ermöglichen. Allerdings sind diese nicht gleichberechtigt und der Rückkanal dient lediglich dem Vorteil der Organisation und nicht dem der Empfänger. Das letzte, oft als idealtypische angesehene Modell der symmetrischen Kommunikation ist auf echten Dialog ausgerichtet und zielt darauf, wechselseitiges Verstehen und Lösungen von Krisen zwischen Organisation und Anspruchsgruppen[20] zu ermöglichen.[21]

---

[17] Vgl. Hubing, Christoph; Siemonet, Oliver: Vertrauen und Glaubwürdigkeit in der Unternehmenskommunikation. In: Piwinger, Manfred; Ansgar Zerfaß (Hrsg.): Handbuch Unternehmenskommunikation. Wiesbaden 2007. S.178.
[18] Vgl. Kunczik, S.14ff.
[19] Vgl. Burkart 1993. S.7.
[20] Vgl.2.6.4.
[21] Vgl. Köhler, Tanja: Krisen-PR im Internet. Nutzungsmöglichkeiten, Einflussfaktoren und Problemfelder. Wiesbaden 2006. S.94ff.

Die vier Modelle verdeutlicht folgende Darstellung:

Charakteristik	Publicity	Informations-tätigkeit	Assymetrische Kommunikation	Symmetrische Kommunikation
Zweck	Propaganda	Verbreitung von Informationen	Überzeugung auf Basis wissenschaftlicher Erkenntnis	Wechselseitiges Verständnis
Art der Kommunikation	Einweg; vollständige Wahrheit nicht wesentlich	Einweg; Wahrheit ist wesentlich	Zweiweg, unausgewogene Wirkungen	Zweiweg; ausgewogene Wirkungen
Kommunikationsmodell	Sender → Empfänger	Sender → Empfänger	Sender → ← Empfänger Feedback	Gruppe → ← Gruppe
Anwendungsfelder	Sport, Theater, Verkaufsförde-rung	Behörden, Non-Profit; Organisationen, Unternehmen	Freie Wirtschaft, Agenturen	„Reguleted business";- Agenturen
Geschätzter Anteil von Organisationen, die das Modell heute verwenden	15 v.H.	50 v.H.	20 v.H.	15. v.H.

Tabelle 1. Die vier PR Modelle nach Gruning und Hunt.[22]

Eine Veränderung erfuhr das Modell später, als Gruning und Hunt es in zwei Dimensionen – die handwerklich-technische und die professionelle – aufteilten.[23]

2.3. Problematik der Theorie der Public Relations

Gerade der deutschsprachigen PR-Forschung mangelt es bisher an theoretisch wissenschaftlicher Basisarbeit und Grundlagenforschung. So liegen bisher kaum allgemeine gesellschafts- oder organisationsorientierte Theorien der PR vor, die mehr als nur spezielle Einzelaspekte der Public Relations beleuchten. Der PR-Theorie fehlt ein Anschluss an die allgemeine Öffentlichkeits- und Gesellschaftstheorie und die Akteurtheorien. Wird PR theoretisch beschrieben, wird sie meistens nur systemtheoretisch betrachtet, so dass die Dualität von Handlung und Struktur nicht berücksichtigt wird.[24] Ebenso wie sich PR-Begriffe und -Definitionen in betriebswirtschaftliche und kommunikationswissenschaftliche einteilen lassen, ergibt sich eine ähnliche Aufteilung der

---

[22] Vgl. Kunczik. S.207.
[23] Vgl. Kunczik. S.208f.
[24] Vgl. Röttger, Ulrike Welche Theorien für welche PR? In: Röttger, Ulrike (Hrsg.): Theorien der Public Relations Grundlagen und Perspektiven der PR-Forschung.Wiesbaden 2004. S.10.

Theorien. So existieren Theorien, die Organisations- und Managementfunktionen thematisieren, und solche, aus der Kommunikationswissenschaft stammend, die Gesellschaftsfunktionen thematisieren.[25] Ein Verknüpfung beider Ansätze versuchte bspw. Zerfaß in seinem Versuch der Grundlegung einer Theorie der Unternehmens- kommunikation und Public Relations.[26] Jedoch fehlt bei diesem Ansatz noch eine Übertragungsmöglichkeit auf NPOs, so dass eine organisationsbezogene PR-Theorie für NPOs nicht vorliegt.[27]

Ein Vorteil des Konzepts der VÖA ist, dass PR hier *„nicht in oberflächlicher Empirie, sondern in einen wohl fundierten theoretischen Begründungszusammenhang gestellt"*[28] werden soll. Denn als theoretischer Unterbau dient ihm die „Theorie des kommunikativen Handelns" von Jürgen Habermas.

2.4. Habermas: Theorie des kommunikativen Handelns

In seinem Hauptwerk, der „Theorie des kommunikativen Handlens" (TdKH), durchleuchtet Habermas die Grundbedingungen eines humanspezifischen Verständigungsprozesses. Eine zentrale These der TdKH ist, dass jeder, der kommunikativ handelt, durch seine Sprechhandlung an einem Verständigungsprozess teilnimmt, weiß dass bestimmte Ansprüche universelle Gültigkeit besitzen und dass der Kommunikationspartner diese ebenfalls anerkennt.[29] Die Geltungsansprüche, die beide Kommunikationspartnern voneinander annehmen müssen, sind:[30] [31] [32]

• **Verständlichkeit**: Durch das Beherrschen der gemeinsamen Sprache und ihrer Regeln muss verständlich formuliert werden. Das geltende grammatische Regelsystem muss eingehalten werden.

• **Wahrheit**: Es müssen wahre Aussagen über eine Wirklichkeit gemacht werden, von der beide anerkennen, dass sie existiert.

---

[25] Vgl. Faulstich. S.21f.
[26] Vgl. Zerfaß, Ansgar: Unternehmensführung und Öffentlichkeitsarbeit. Grundlegung einer Theorie der Unternehmenskommunikation und Public Relations. 2., ergänzte Auflage. Wiesbaden 2004. S.425.
[27] Vgl. Faulstich. S.35.
[28] Burkart, Roland: Public Relations als Konfliktmanagement. Ein Konzept für verständigungsorientierte Öffentlichkeitsarbeit. Untersucht am Beispiel der Planung von Sonderabfalldeponien in Niederösterreich. In: Haerpfer, Christian; Pelinka, Christian: Studienreihe Konfliktforschung; Bd. 7. Wien 1993. S.7.
[29] Vgl. Burkart, Roland: Kommunikationswissenschaft. Grundlagen und Problemfelder. Wien, u.a. 1995. S.410.
[30] Vgl. Burkart 2005. S.225.
[31] Vgl. Burkart 1993. S.22.
[32] Vgl. Burkart, Roland: Verständigungsorientierte Öffentlichkeitsarbeit – ein kommunikationstheoretisch fundiertes Konzept für die PR Praxis. In:Bentele, Günter; Liebert, Tobias: Verständigungsorientierte Öffentlichkeitsarbeit. Darstellung und Diskussion des Ansatzes von Roland Burkart Leipzig 1995B. S.9.

- **Wahrhaftigkeit**: Es müssen die tatsächlichen Ziele zum Ausdruck gebracht werden, um dadurch vertrauenswürdig zu sein. Der Kommunikationspartner darf nicht getäuscht werden und der Wille zur Selbstdarstellung muss vorhanden sein.

- **Richtigkeit**: Äußerungen müssen in Bezug auf herrschende Werte und Normen akzeptabel sein. Geltende Normen und Werte dürfen durch Absichten und Interessen nicht verletzt werden, sondern sie müssen richtigerweise vertreten und so für den anderen akzeptabel und legitim sein.

Dadurch, dass die Kommunikationspartner sich die Anerkennung dieser Grundbedingungen gegenseitig unterstellen, beziehen sich ihre Äußerungen auf drei verschiedene Dimensionen der Wirklichkeit bzw. - wie Habermas sie nennt - „drei Welten":[33] [34] [35]

- **Die objektive Welt.** Die Summe aller Entitäten[36], über die sich wahre Aussagen treffen lassen: Wahrheit der thematisierten Gegenstände.

- **Die subjektive Welt.** Die Summe der Erlebnisse, die nur dem Sprecher zugänglich sind: Wahrhaftigkeit bzw. Vertrauenswürdigkeit des Kommunikators.

- **Die soziale Welt.** Die Summe der sozialen Beziehungen, die legitim geregelt sind: Legitimität seines Interesses bzw. Vorhabens.

Nach Habermas ist *„Ziel der Verständigung [...] die Herbeiführung eines Einverständnisses, welches in der intersubjektiven Gemeinsamkeit des wechselseitigen Verstehens, des geteilten Wissens, des gegenseitigen Vertrauens und des miteinander Übereinstimmens terminiert"*[37] und sie kann nur zustande kommen, wenn alle oben genannten Geltungsansprüche im so genannten „Hintergrundkonsens"[38] anerkannt werden.[39]

Existiert der „Hintergrundkonsens" nicht, muss mittels „Diskurs", in dem die problematisch gewordenen Geltungsansprüche selbst das Thema der Kommunikation sind, versucht werden, das Einverständnis wieder herzustellen.[40] Letzten Endes soll der Diskurs durch *„überzeugende Argumente, mit denen Geltungsansprüche eingelöst oder*

---

[33] Vgl. Burkart 1993. S.22.
[34] Burkart 2005. S.225.
[35] Vgl. Burkart 1995. S.413.
[36] Entität = „Das ein im Unterschied zum Wesen eines Dinges", Duden. Bd 1. Die deutsche Rechtschreibung. 23. Auflage. Mannheim, et. Al 2004. S.340.
[37] Habermas, Jürgen: Was heißt Universalpragamatik? In: Apel, Karl Otto (Hrsg.): Sprachpragmatik und Philosophie. Frankfurt am Main 1976. S.176.
[38] Habermas 1976. S.177.
[39] Vgl. Burkart 1995. S.412.
[40] Vgl. Burkart 1995. S.413

zurückgewiesen werden können,[41] produziert werden. Dafür wird vom Kommunikationspartner eine Begründung für dessen Verhalten oder dessen Behauptung eingefordert. Während beim kommunikativen Handeln von den Kommunikationspartnern naiv vorausgesetzt wird, dass die Geltungsansprüche befolgt werden, werden im Diskurs problematisch gewordene Geltungsansprüche selbst Gegenstand der Kommunikation und es wird versucht, mit argumentativen Begründungen wieder allgemein akzeptierte Geltungsansprüche herzustellen.[42]

Generell ist zu beachten, dass die habermas'sche Theorie eine „ideale Sprechsituation" unterstellt. Habermas nennt die Sprechsituation ideal, *„in der Kommunikationen nicht nur nicht durch äußere kontingente Einwirkungen, sondern auch nicht durch Zwänge behindert werden, die sich aus der Struktur der Kommunikation selbst ergeben. "*[43] Die ideale Sprechsituation ist also als eine utopische Vorstellung einer herrschaftsfreien Kommunikation zu verstehen, bei der Kommunikation nicht systematisch verzerrt wird und gleiche Chancen zum Wahrnehmen der Kommunikationsrollen bestehen.[44] Dies bedeutet, dass jeder Kommunikationspartner die Möglichkeit hat, seinen Standpunkt einzubringen und diesen auch durchzusetzen, wobei die Durchsetzung auf dem *„eigentümlich zwanglosen Zwang des besseren, weil einleuchtenderen Arguments"*[45] beruht. Eine ideale Sprechsituation muss zwei grundlegende Bedinungen erfüllen[46]:

• Jeder potentielle Diskursteilnehmer muss die identischen Möglichkeiten haben, einen Diskurs zu eröffnen.

• Jeder Teilnehmer des Diskurses muss über die gleichen Möglichkeiten verfügen, Behauptungen aufstellen zu können oder deren Geltungsanspruch in Frage stellen, so dass keine Vormeinung unkritisierbar ist.

Wichtig ist, dass es nicht das Ziel der Theorie ist, empirische Realität zu beschreiben. Einerseits sind allein schon die Bedinungen für die ideale Sprechsituation kontrafaktisch, weil sie in der Realität nicht auf soziale Kommunikation zutreffen und in der realen Diskurspraxis so nicht stattfinden. Aber andererseits lässt sich, wenn man die Perspektive der idealen Sprechsituation annimmt, sehr gut diagnostizieren, wie weit die Realität von

---

[41]Habermas, Jürgen: Theorie des kommunikativen Handelns. BD. 1. Handlungsrationalität und
    gesellschaftliche Rationalisierung . Frankfurt am Main. 1981. S.149.
[42]Vgl. Burkart 2005.S.226.
[43]Habermas, Jürgen: Vorstudien und Ergänzungen zur Theorie des kommunikativen Handelns. Frankfurt am
    Main 1984. S.177.
[44]Vgl. Burkart 1995. S.414.
[45]Habermas 1984. S.116.
[46]Habermas 1984. S.177.

dem angenommenen Idealzustand abweicht.[47] [48] Der Zweck der Theorie besteht also nicht darin, *„die kommunikative Wirklichkeit in ihren realen Ausformungen abzubilden, sondern Defizite im alltäglichen Kommunikationsgeschehen aufzuzeigen bzw. auf Möglichkeiten zu ihrer Beseitigung hinzuweisen."*[49]

Letzten Endes ist Verständigung nicht reiner Selbstzweck der Kommunikation, sondern dient dem Zweck, Interessen zu realisieren. Dabei ist für Habermas nicht die unbedingte Durchsetzung eigener Interessen die Zielsetzung der Beteiligten am Verständigungsprozess, sondern es ist so, dass sie *„ihre individuellen Ziele unter der Bedingung, dass ihre Handlungspläne auf Grundlage gemeinsamer Situationsdefinitionen aufeinander abstimmen können"*[50], verfolgen.

Zusammenfassend lässt sich feststellen, dass, Verständigung als ein Prozess zum Herbeiführen eines Einverständnisses zustande kommen kann, wenn:[51] [52]

1.	sich die Kommunikationspartner gegenseitig Wahrheit der gemachten Aussagen, die Wahrhaftigkeit der jeweiligen Absichten und die Richtigkeit der gesagten Äußerungen zuschreiben.

2.	bei den Kommunikationspartnern eine gemeinsame Überzeugung in Form des Hintergrundkonsens darüber besteht, dass wenn einer dieser Geltungsansprüche angezweifelt wird, er selbst Gegenstand der Kommunikation werden kann.

3.	wenn sich die Beteiligten einig darin sind, dass in diesem Fall ein Diskurs geführt werden kann, der darauf ausgerichtet ist, rational motiviertes Einverständnis zu erzeugen. So bekommen Behauptungen nur Gültigkeit, indem die Teilnehmer sie, alle akzeptieren.

4.	wenn die „Ideale Sprechsituation" Grundlage für die Diskurse ist und jeder Teilnehmer so gleiche Chancen hat, einen Sprechakt zu wählen und auszuführen.

2.5. Verständigungsorientierte Öffentlichkeitsarbeit

2.5.1. Öffentlichkeitsarbeit als Prozess der Verständigung

Obwohl Habermas kritisiert, dass PR ein Mittel zur Refeudalisierung gesellschaftlicher Strukturen sei und politische Aufklärung und Demokratisierung konterkariere, da strategische Kommunikation immer Überredung, Manipulation oder Täuschung beinhalte

---

[47]Vgl. Burkart 1995. S.416.
[48]Vgl. Burkart 1993. S.24.
[49]Burkart 1993. S.227.
[50]Habermas, Jürgen: Theorie des kommunikativen Handelns. Bd 1. Handlungsrationalität und gesellschaftliche Rationalisierung. Frankfurt 1981 S.385.
[51]Vgl. Burkart 1993. S.25.
[52]Vgl. Burkart 1995B. S.12.

und PR in Bezug auf Habermas auch schon „*Kommunikationsverschmutzung*"[53] genannt wurde, bezieht sich Roland Burkart bei seiner PR-Theorie auf ihn.[54] Aufbauend auf der TdKH, entwickelte Burkart das Konzept der Verständigungsorientierten Öffentlichkeitsarbeit (VÖA). Den Ansatz, durch PR divergierende Interessen abgleichen zu können, hatte zuvor bereits Pearson formuliert, der an einer systemtheoretisch-fundierten PR kritisierte, dass sie reines Selbstinteresse einer Organisation als oberstes Handlungsprinzip zementiere.[55]

Burkart versuchte, mit der VÖA Theorievorstellungen der Sozialwissenschaften in die Praxis der PR zu übertragen.[56] Da das VÖA-Konzept nicht Resultat deskriptiv-empirischer Forschung ist, macht es keine Aussagen darüber, was PR tut, sondern es geht darum, was PR tun soll.[57] So ist VÖA in erster Linie anwendbar für PR, die im Sinne von Gruning und Hunt das Ideal der „symmetrischen Kommunikation"[58] betreiben und einen Verständigungsprozess etablieren will, in dem die verschiedenen Kommunikationspartner ihre eigenen Interessen aussprechen können.[59] [60] Das oftmals propagierte Selbstbild der PR, wonach Dialog, Verständigung und Interessenausgleich Wesensmerkmale der PR seien, soll hier ernst genommen werden, ohne jedoch zu versuchen, die von Habermas aufgestellten Verständigungsbedingungen direkt auf die PR-Realität zu übertragen.[61] [62] [63] Dialog ist hier das zentrale Element kommunikativer Konfliktaustragung und dient der Herbeiführung einvernehmlicher Lösungen.[64] Burkarts VÖA-Konzept entstand als Evaluationsinstrument bei der Planung zweier Sondermülldeponien in Niederösterreich. Es dient der Analyse von Konfliktsituationen, in denen es kein Einverständnis zwischen Organisationen und (Teil)Öffentlichkeit[65] gibt. So ist es denkbar VÖA als

---

[53]Scheidges, Rüdiger: Kommuniktionsverschmutzung. Zur „übergreifenden Theorie" der PR. In: Dorer, Johanna; Lojka, Klaus. (Hrsg.): Öffentlichkeitsarbeit. Wien 1991. S.20f. Zitiert nach Kückelhaus.

[54]Vgl. Westerbarkey, Joachim: Kritische Ansätze: ausgewählte Paradigmen. In: Bentele, Günter; Fröhlich, Romy; Szyska, Peter (Hrsg): Handbuch der Public Relations. Wissenschaftliche Grundlagen und berufliches Handeln. Wiesbaden 2005. S.183ff.

[55] Vgl. Zerfaß 2004. S.55f.

[56] Vgl. Szyszka, Peter: Verständigungsorientierte Öffentlichkeitsarbeit. Überlegungen zum Theorie-Praxis-Transfer des Burkart-Konzepts (VÖA). In: Bentele; Liebert 1995. S.57.

[57]Burkart, Roland: Das VÖA-Konzept: Eine Replik. In: Betele; Liebert. S.70.

[58] Vgl. Kunczik: S.206ff.

[59] Vgl. Burkart 1995B. S12.

[60] Vgl. Burkart 1993. S.26.

[61] Vgl. Burkart, Roland: Verständigungsorientierte Öffentlichkeitsarbeit. In: Bentele, Günter; Fröhlich, Romy; Szyska, Peter (Hrsg.): Handbuch der Public Relations. Wissenschaftliche Grundlagen und berufliches Handeln. Wiesbaden 2005. S.228.

[62] Vgl. Burkart 2005. S.223.

[63] Vgl. Burkart 1995. S.421.

[64] Vgl. Burkart 1995B. S.18.

[65]Nach Gruning und Hunt zeichnen sich Teilöffentlichkeiten dadurch aus, dass sie mit einem ähnlichen Problem konfrontiert sind, dieses erkennen und sich organisieren um mit diesem umzugehen. Vgl. Röttger, Ulrike; Preusse, Joachim; Schmitt, Jana: Grundlagen der Public Relations. Eine

„Reperaturmechanismus"[66] zu betreiben, wenn es zu Krisen und Konflikten kommt. Bei seiner Beurteilung des VÖA-Konzepts betonte auch Szyszka, dass seine Stärke darin liege, ein „Analyseraster" zur systematischen Fehleranalyse bei Kommunikationsstörungen und Konflikten zu bieten.[67]

Denn gerade in Krisensituationen muss PR mit dem Problem rechnen, dass alles, was von ihr inszeniert wird, von Rezipienten bzw. den Betroffenen kritisch hinterfragt wird, was dem In-Frage-Stellen von Geltungsansprüchen entspräche. Es ist wahrscheinlich, dass Teilöffentlichkeiten die Wahrheit von Behauptungen, die Vertrauenswürdigkeit des Kommunikators und die Legitimität der Interessen bezweifeln. Diese Zweifel sollen, so der VÖA-Ansatz, mittels argumentativer Begründung, also dem habermas'schen Diskurs, wieder aus der Welt geschafft werden.[68]

VÖA entstand vor dem Hintergrund von Becks Theorie der „Risikogesellschaft", die davon ausgeht, dass viele Bevölkerungsgruppen sehr kritisch mit Verlautbarungen großer Organisationen umgehen und *„versuchen ihre Ansprüche in die Arena der öffentlichen Diskussion zu bringen"*[69], so dass von PR nicht nur die bloße Selbstdarstellung von Interessen gefordert wird, sondern echte Bereitschaft zur Verständigung notwendig ist.[70] Burkart konstatierte, dass die PR sowohl als wissenschaftliche Disziplin als auch als Berufszweig vor neuen Herausforderungen stehe. Denn PR ist konfrontiert mit einem Wandel hin zu einer Gesellschaft, in der Partizipation ein Wert ist und in der der aktive Bürger Realität ist und dieser auf Grund einer gesunkenen Autoritätsgläubigkeit zur offenen Konfliktaustragung bereit ist.[71] Eine explizite Erklärung, unter welchen genauen Umständen das Konzept Anwendung finden könnte, bleibt Burkart – anders als Pearson, für den PR prinzipiell diskursive Interessenklärung sein sollte – aber schuldig.[72] Burkart entwickelte VÖA vor dem Hintergrund einer Krisensituation, in der Dialog nötig wird. Durch Social Media ist nun heute aber permanenter Dialog möglich. Und wenn man das Wort Krise von seinen altgriechischen Wurzeln her betrachtet, wonach κρίσις krísis, die Entscheidung bedeutet, ist es für die gesamte PR-Arbeit anwendbar. Denn Organisationen sind permanent in der Situation, Entscheidungen treffen zu müssen.

Kommunikationswissenschaftliche Einführung. Wiesbaden 2011. S.96.
[66] Vgl. Theis-Berglmair, Anna Maria: Public Relations aus organisationssoziologischer Perspektive. In: Bentele; Fröhlich; Szyska 2005. S.46.
[67] Vgl. Szyszka 1995. S.54, 57.
[68] Vgl. Burkart 2005. S.228.
[69] Arendt, Gusti: PR der Spitzenklasse. Die Kunst, Vertrauen zu schaffen: Landsbergs/Lech 1993. S.17.
[70] Vgl. Burkart 1995. S.419.
[71] Vgl. Burkart 1993. S.7.
[72] Vgl. Zerfaß 2004. S.61.

In diesem Zusammenhang ist die erste Prämisse der VÖA, dass Organisationen darauf angewiesen sind, ihre Ziele gesamtgesellschaftlich zu verantworten und Handeln der Öffentlichkeit verständlich zu machen.[73] Die zweite Prämisse der VÖA ist, dass menschliche Kommunikation grundsätzlich darauf angelegt ist, wechselseitige Verständigung zu erreichen, und dass sich PR, wenn sie diese kommunikative Grundstruktur ernst nimmt, am Prinzip der Verständigung orientieren muss.[74]

2.5.2. Ziele Verständigungsorientierter Öffentlichkeitsarbeit

„Das übergreifende Ziel der verständigungsorientierten Öffentlichkeitsarbeit besteht im Gewährleisten eines möglichst 'störungsfrei' ablaufenden Kommunikationsprozesses zwischen dem PR-Auftraggeber und den jeweils relevanten Teilöffentlichkeiten."[75] Dies tritt ein, wenn zwischen der PR-betreibenden Organisation und den davon betroffenen Teilöffentlichkeiten Einverständnis auf drei Ebenen herrscht.[76][77][78]

1.   Auf der Ebene der zu thematisierenden Sachverhalte muss Konsens darüber bestehen, was unter den vertretenen Sachen genau zu verstehen ist, und es muss Einigkeit über die Wahrheit der Fakten bestehen.

2.   Auf der Ebene der beteiligten Kommunikatoren muss klar sein, wer für die Interessen verantwortlich ist, und die Vertrauenswürdigkeit der Kommunikatoren und der Organisation muss gewährleistet sein.

3.   Auf der Ebene der vertretenen Interessen muss transparent sein, warum Interessen verfolgt werden und Einigkeit darin bestehen, dass diese Interessen legitim sind und sich im Rahmen der Legalität bewegen.

---

[73] Vgl. Burkart 2005. S.223.
[74] Vgl. Burkart 2005. S.224.
[75] Burkart 2005. S.229.
[76] Vgl. Burkart 1993. S.26f.
[77] Vgl. Burkart 2005. S.230.
[78] Vgl. Burkart 1995B. S.13.

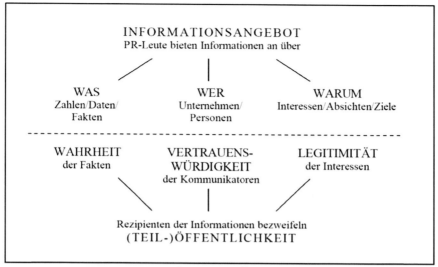

INFORMATIONSANGEBOT
PR-Leute bieten Informationen an über

WAS
Zahlen/Daten/
Fakten

WER
Unternehmen/
Personen

WARUM
Interessen/Absichten/Ziele

WAHRHEIT
der Fakten

VERTRAUENS-
WÜRDIGKEIT
der Kommunikatoren

LEGITIMITÄT
der Interessen

Rezipienten der Informationen bezweifeln
(TEIL-)ÖFFENTLICHKEIT

Abbildung 1. PR Kommunikation aus der VÖA Perspektive.[79]

Gemäß der Theorie des kommunikativen Handelns ist nicht davon auszugehen, dass das so beschriebene Einverständnis die Realität von Kommunikation abbildet. Vielmehr handelt es sich um ein Idealbild funktionierender Kommunikation, welches auf die Wirklichkeit nur annäherungsweise zutrifft und notwendig macht, Wege zu suchen, sich ihm anzunähern.[80][81]

Zweifeln also die relevanten Teilöffentlichkeiten an den Geltungsansprüchen, wird der Kommunikationsprozess gestört und ein Diskurs wird nötig. VÖA muss deshalb zwingend die Möglichkeit dazu bieten, gerade wenn Einverständnis auf allen drei Ebenen in der Realität nicht vollständig hergestellt werden kann.[82] Also müssen betroffene Teilöffentlichkeiten die Chance haben, daran zu zweifeln, ob gemachte Aussagen wahr, geäußerte Absichten wahrhaftig und verfolgte Interessen legitim sind. Den gesamten Prozess der VÖA teilt Burkart deswegen in 4 Phasen ein, die den Zielen entsprechen, welche erreicht werden sollen.

[79] Burkart 2005. S.230.
[80] Vgl. Burkart 1993. S.28.
[81] Vgl. Burkart 1995B. S.14.
[82] Vgl. Burkart 1995. S.420.

2.5.2.1. PR-Ziel: Information

Da die Möglichkeit einer rationalen Urteilsbildung der relevanten Teilöffentlichkeiten voraussetzt, dass sie über genügend themenspezifisches Wissen verfügen, ist es Aufgabe der PR, sie über wesentliche Sachverhalte zu unterrichten.[83]

Konkret bedeutet dies für die PR in der[84] [85] [86]

• objektiven Welt: Sie muss transparent machen, was die Interessen des PR-Trägers sind und was die Folgen für die Betroffenen sind.

• subjektiven Welt: Sie muss innere Strukturen der PR-treibenden Organisation transparent machen.

• sozialen Welt: Sie muss in einem normativen Bezugsrahmen die verfolgten Interessen als moralisch angemessen legitimieren.

2.5.2.2. PR-Ziel: Diskussion

Während in der Informationsphase noch einseitig, ohne Einbeziehung der relevanten Teilöffentlichkeiten kommuniziert wird, ist in dem Fall, dass Themen kontrovers werden, Diskussion das Ziel der VÖA. Für Burkart steht im Jahr 1993 noch im Vordergrund, den Kontakt zu den potentiell Betroffenen herzustellen, mit ihnen ins Gespräch zu kommen und von ihnen als Kommunikationspartner ernst genommen zu werden.[87] Dem folgt Kunczik, der erklärt, dass VÖA nicht ausschließlich über die Massenmedien erfolgen könne, sondern den Dialog suchen müsse, wo sich Widerstand rege.[88] Im Gegensatz dazu steht 2005 im weiterentwickelten VÖA-Konzept von Burkart die klassische Medienarbeit mit auf Journalisten ausgerichteten PR-Maßnahmen im Fokus.[89] Aber dennoch verweist Burkart an gleicher Stelle explizit darauf, dass das Internet neue Chancen zu Online-Dialogen als Form der interaktiven Auseinandersetzung biete.[90] Hier stimmt er mit Habermas überein.[91] Erfolg bedeutet in der Diskussionsphase, sich nicht als kommunikativ verschlossen zu präsentieren, sondern die organisatorischen Voraussetzungen für Kontakt

---

[83] Vgl. Burkart 2005. S.231.
[84] Vgl. Burkart 2005. S.232.
[85] Vgl. Burkart 1993. S.29f.
[86] Vgl. Burkart 1995B. S.15.
[87] Vgl. Burkart 1993. S.30.
[88] Vgl. Kunczik. S.368.
[89] Vgl. Burkart 2005. S.232.
[90] Vgl. Burkart 2005. S.232f.
[91] Habermas sieht in der Internetkommunikation eine Chance den anonymen und asymmetrischen Charakter der Massenkommunikation auszugleichen, da sie Kommunikation auf Augenhöhe ermögliche und ein egalitäres Publikum lesender und schreibender Konversationsteilnehmer wiederbelebe. Vgl. Habermas, Jürgen: Politische Theorie. Philosophische Texte Band 4. Frankfurt am Main 2009. S. 110.

und Diskussion zwischen PR-Auftraggeber und betroffener Teilöffentlichkeit zu schaffen. PR muss also in der[92]

• objektiven Welt in Diskussion mit den Teilöffentlichkeiten treten über relevante Sachverhalte und deren Wahrheitsgehalt.

• sozialen Welt über die Legitimität von Interessen und deren normativer Begründung diskutieren.

• subjektiven Welt nichts tun, da der Geltungsanspruch von Wahrhaftigkeit sich nur in nachfolgenden Handlungen, wie dem Einhalten von gegebenen Versprechen, zeigt.[93]

2.5.2.3. PR-Ziel: Diskurs

Ein Diskurs wird geführt, wenn das Einverständnis unter den Kommunikationspartnern problematisch geworden ist und mittels Begründung wieder hergestellt werden muss. Das Initiieren eines Diskurses ist konstante Notwendigkeit im VÖA-Konzept, da PR-Verantwortliche mit gestörtem Einverständnis rechnen müssen.[94] Der Diskurs wird zum Ziel der VÖA, wenn sich in der Diskussion zeigt, dass die kommunikativen Geltungsansprüche in Frage gestellt werden und die Wahrheit von Aussagen, die Vertrauenswürdigkeit des Kommunikators und Legitimität des Ansinnens des PR-Auftraggebers bezweifelt wird.[95]

Der theoretische Diskurs soll Zweifel an der Wahrheit von Aussagen thematisieren.[96] Zweifel müssen dadurch unhaltbar gemacht werden, dass Erklärungen und Wahrheitsbeweise geliefert werden. Da Sachurteile auf technischer und naturwissenschaftlich begründeten Tatsachen beruhen, gibt es hier in der Regel messbare Befunde.[97]

Eine andere Situation herrscht im praktischen Diskurs, bei dem *„Zweifel an der Richtigkeit von Äußerungen im Mittelpunkt stehen"*[98] und in dem es darum geht, Interessen, Ziele und Entscheidungen zu rechtfertigen, womit Werturteile zur Diskussion stehen und erklärt werden muss, welche Norm- und Wertentscheidungen dem verfolgten Ziel zu Grunde liegen. Dabei gilt zu beachten, dass Werturteile im gesellschaftlichen Normenkontext verwurzelt sind und aus ethischen, moralischen Prinzipien resultieren.[99] Um Zweifel zu beseitigen und das Einverständnis wieder herzustellen, sollen die Kommunikationspartner

---

[92] Vgl. Burkart 2005. S.235.
[93] Gleiches gilt für den Diskurs Vgl. Burkart 1995B. S.25.
[94] Vgl. Burkart 1993. S.231.
[95] Vgl. Burkart 2005. S.233f.
[96] Vgl. Burkart 1995B. S.16.
[97] Vgl. Burkart 2005. S.234.
[98] Burkart 1993. S.31.
[99] Vgl. Burkart 2005. S.234.

rational begründen und sich dem „zwanglosen Zwang des besseren, weil einleuchtenderen Arguments"[100] unterordnen.

In der Praxis ist hierbei zu beachten, dass für die Führung der Diskurse gemeinsam ein Verfahren festgelegt werden muss und dass es Aufgabe der PR ist, den Einigungsprozess zu begleiten und zu koordinieren, ohne dabei aber die moralische und fachliche Angemessenheit zu prüfen, da dies Sache des PR-Betreibers ist.[101] [102] Im Konfliktfall kann die VÖA den Konflikt nicht unbedingt lösen, aber dazu beitragen, dass sich Konfliktpartner darüber einig werden, in welchen Punkten sie nicht übereinstimmen und damit einen rationalen Dissens herstellen.[103] Dies bedeutet in der

• objektiven Welt: Es findet ein theoretischer Diskurs statt, in dem sich PR-Betreiber und die relevanten Teilöffentlichkeiten auf Richtlinien zur Beurteilung von Sachurteilen einigen.

• sozialen Welt: Es findet ein praktischer Diskurs statt, in dem man sich auf ein gemeinsam akzeptiertes Verfahren einigt und die normative Richtigkeit der vertretenen Interessen rechtfertigt. Spätestens hier müssen Wertmaßstäbe transparent sein, die hinter einer Begründung stehen.

2.5.2.4. PR-Ziel: Situationsdefinition

In dieser Phase prüft PR, ob tatsächlich die Chance besteht, ein Einverständnis zwischen Teilöffentlichkeit und PR-Betreiber herbeizuführen. Dabei geht es um Einverständnis auf der Ebene der vertretenen Sachverhalte (Richtlinien zur Beurteilung von Sachurteilen werden eingehalten), der Vetrauenswürdigkeit der Handlungsträger (Wahrhaftigkeit der Absichten wird akzeptiert) und der Legitimität der vertretenen Interessen (Richtlinien zur Beurteilung der Angemessenheit der Begründungen wird Folge geleistet). Vereinfacht ausgedrückt ist das „Aushandeln von Situationsdefinitionen"[104] dann erfolgreich, wenn die Kommunikationsteilnehmer wissen, worüber sie überhaupt sprechen, und die betroffenen Teilöffentlichkeiten wissen, was sie vom PR-Auftraggeber zu halten haben und dessen Argumente akzeptieren, wobei sie jedoch nicht mit dessen Handlungsabsichten einverstanden sein müssen.[105] Aufgabe der PR ist es nun, den betroffenen Teilöffentlichkeiten – auch denen, die sich bisher nicht beteiligt haben – die

---

[100] Habermas 1984. S.116.
[101] Vgl. Burkart 1993. S.32.
[102] Vgl. Burkart 1995B.S.17.
[103] Vgl. Burkart 1993. S.13.
[104] Habermas 1981. S.385.
[105] Vgl. Burkart 1993. S.33.

Situationsdefinition zugänglich zu machen. Als Konsequenz aus der Situationsdefinition ist es Aufgabe der Organisation, konkrete Handlungspläne zu entwickeln.[106]

	Themen, Sachverhalte objektive Welt	Organisation, Personen subjektive Welt	Legitimität des Interesses soziale Welt
1. Information	Definition relevanter Sachverhalte, Begriffe und Erläuterung der Konsequenzen	Erläuterung des Selbstbildes, der Absichten. Bekanntgabe von Ansprechpartnern	Rechtfertigung des Interesses durch Angaben von Gründen
2. Diskussion	Auseinandersetzung mit den relevanten Sachverhalten	Kann nicht diskutiert werden	Auseinandersetzung über die Angemessenheit der Begründungen
3. Diskurs	Einigung über Richtlinien zur Einschätzung von Sachurteilen	Kann nicht diskursiv gelöst werden	Einigung über Richtlinien zur Einschätzung von moralischen Urteilen
4. Situations-definition	Einigung über Sachurteile	Einigung über Vertrauenswürdigkeit der Handlungsträger	Einigung über moralische Urteile

Tabelle 2. Phasen/Ziele der VÖA.[107]

2.5.3. VÖA in der Praxis

Das von Burkart skizzierte Einverständnis als Ergebnis einer erfolgreich verlaufenden Kommunikation ist in der Realität nicht immer herzustellen und es gibt gemäß der TdkH Abweichungen vom Sollzustand. An dieser Stelle bringt Burkart den „rationalen Dissens" ins Spiel. In einem solchen gelingt es Konfliktpartnern, ihre Differenzen zu identifizieren und Einigkeit darüber herzustellen, in welchen Punkten man sich nicht einig ist. Dabei impliziert VÖA, dass ein gewisses Maß an Kompromissbereitschaft auf Seiten des PR-Betreibers besteht.[108]

Was die Durchschlagskraft von VÖA angeht, kam Burkart in seiner Untersuchung der Planung der beiden Mülldeponien zu einem zweischneidigen Ergebnis. So ergab eine Befragung, dass nur ein Fünftel der Befragten die Möglichkeit nutze, sich am Dialog zu beteiligen, die Hälfte wenig informiert war und drei Viertel die Einschätzungen des Deponieplaners bezweifelten. Währenddessen zeigte sich aber auch, dass Befragte, die aktiv eingebunden waren, über einen höheren Wissensstand verfügten und eher mit den Deponieplanern übereinstimmten.[109]

---

[106] Vgl. Burkart 1995B. S.18.
[107] Burkart 1995B. S.19.
[108] Vgl. Burkart 1995B. S.20f.
[109] Vgl. Kunczik. S.371f.

Das VÖA-Modell wurde dafür kritisiert, ein normatives Idealmodell zu sein, das in der Praxis auf Grund seiner zu optimistischen Annahmen kaum umsetzbar sei und deswegen kaum praktiziert werde.[110] Diese Kritik betrifft die Möglichkeit, die VÖA als Analyseraster zu verwenden, jedoch nicht.

Kritisiert wurde das VÖA-Konzept auch dafür, dass es ignoriere, dass PR interessengeleitetes und strategisches Handeln sei.[111] [112] Indessen sieht Burkart darin keinen Widerspruch, da die angestrebte Verständigung kein Selbstzweck sei, sondern ein Mittel, um Interessen zu realisieren. Der Regel „Tu Gutes und rede darüber" stellte Burkart für die VÖA folgende Aussage gegenüber: *„Du tust gut daran, wenn du mit ihnen (=den Betroffenen) redest. Sonst kannst Du nämlich Deine Interessen überhaupt nicht realisieren!"*[113] So steht der Spagat, den Burkart hier versucht, strategieorientiertes Handeln und Diskursmöglichkeiten unter einen Hut zu bringen, im Widerspruch zur TdKH, die *„ein bisschen Verständigung und ein bisschen Ergebnisoffenheit"*[114] nicht vorsieht.

2.6. PR-Kommunikation

2.6.1. Externe Kommunikation

Maßgebliche Aufgabe der PR ist es, die Öffentlichkeit außerhalb der eigenen Organisation dazu zu bringen, ihr zuzuhören und mit ihr zu kommunizieren.[115] Dabei umfasst die externe PR im engeren Sinne die klassische Presse- und Medienarbeit, während sie im weiteren Sinne die gesamte Kommunikation einer Organisation nach außen mit einschließt.[116]

Pressearbeit umfasst den Kontakt einer Organisation zu Journalisten und Medien mit dem Zweck, öffentliche Meinungsbildung positiv zu beeinflussen.[117] Nach Burkart umfasst PR heute längst nicht mehr nur Presse- und Medienarbeit, sondern auch die Inszenierung des interpersonellen Kommunikationsprozesses und bei kontroversen Themen die Vorbereitung eines Konfliktmanagements.[118] Als weiterer Teil der externen Kommunikation kann man die Public Affairs betrachten, die den Erfolg einer Organisation durch Einflussnahme auf

---

[110] Vgl. Röttger; Preusse; Schmitt. S.177.
[111] Vgl. Dorer, Johanna; Marschik, Matthias: Whose Side are you on? Anmerkungen zu Roland Burkarts Konzept einer verständigungsorientierten Öffentlichkeitsarbeit. In: Betele; Liebert. S.31.ff.
[112] Vgl. Röttger; Preusse; Schmitt. S.178.. S.177.
[113] Burkart 1995C. S.67.
[114] Röttger; Preusse; Schmitt. S.178.
[115] Reineke, Wolfgang; Sachs, Günther: Praxis der Öffentlichkeitsarbeit. Projektbezogene Public Relations. Heidelberg 1975. S.21.
[116] Vgl. Lies, Jan: Public Relations. Ein Handbuch. Stuttgart 2008. S.12f.
[117] Vgl. Röttger; Preusse; Schmitt. S.193.
[118] Vgl. Burkart 1995. S.280f. .

die Rahmenbedingungen der Politik und der Gesellschaft sichern soll.[119] Daneben soll mit allen externen Gruppen kommuniziert werden, die in irgendeiner Form einen Anspruch an die Organisation haben.[120]

Für nach außen gerichtete PR ist die eigenen Reputation[121] und die moralische Integrität von hoher Bedeutung. Diese lässt sich nicht erzwingen, sondern muss aufgebaut werden.[122] Gerade aus diesem Grund ist ein Vertrauensverlust, wie ihn bspw. die katholische Kirche erlebt hat, ein großes Hemmnis für eine funktionierende externe Kommunikation, da Vertrauen in eine Organisation Handlungsspielräume schafft und erhält.[123]

2.6.2. Interne Kommunikation

Die interne Kommunikation in einer Organisation ist das Sicherstellen von Informationsvermittlung und Dialogführung zwischen Organisationsführung und Mitarbeitern. Durch diese sollen den Mitarbeitern die für ihre eigenen Tätigkeiten relevanten Informationen zukommen. All das umfasst mehr als organisationsinterne Nachrichten. Vielmehr geht es auch um den Transfer von Meinungen, Kenntnissen und Erfahrungen. Dialogische Kommunikation spielt gerade für die Bewältigung von Krisen und Konflikten und die Ermittlung von Stimmungen in der Organisation eine Rolle.[124] Weiterhin kann interne Kommunikation die Schaffung einer Organisationskultur mit gemeinsamen Werten unterstützen, die Identifikation mit der Organisation und das Engagement der Mitglieder und Mitarbeiter fördern sowie deren Loyalität sichern.[125] In großen große Mitgliederorganisationen wie beispielsweise Parteien, hat es in den letzten Jahren einen Bedeutungszuwachs des Internets im Bereich der internen Kommunikation gegeben.[126] Seine Stärken liegen besonders in der hohen Geschwindigkeit der Informationsvermittlung.

---

[119] Vgl. Röttger; Preusse; Schmitt. S.204.
[120] Vgl. 2.6.4. Stakeholdermanagament.
[121] Reputation kann definiert werden als: „das öffentliche Ansehen, das [...] ein (Kollektiv-)Subjekt mittel- oder langfristig genießt und das aus der Diffusion von Prestigeinformation an unbekannte Dritte über den Geltungsbereich persönlicher Sozialnetze hinaus resultiert." Eisenberger, Mark: Reputation in der Mediengesellschaft. Konstitution – Issues Monitoring – Issues Management. Wiesbaden 2005. S. 24f.
[122] Vgl. Zerfaß 2004.S.304.
[123] Vgl. Röttger, Preusse, Schmitt S 151f.
[124] Vgl. Röttger, Preusse, Schmitt. S.191.
[125] Vgl. Lies. S.138.
[126] Vgl. Donges, Patrick: Medialisisierung politischer Organisationen. Partien in der Mediengesellschaft. Wiesbaden 2008. S.214.

Prinzipiell gilt für die Kommunikation einer Organisation, dass sich interne und externe Kommunikation nicht getrennt voneinander betrachten lassen, da interne Unklarheiten in der Informationsverarbeitung leicht zu auch „externen" Krisen führen können.[127]

2.6.4. Stakeholder-Kommunikation

Ein anderer Ansatz, die Kommunikation einer Organisation nicht nach intern und extern aufzuspalten, ist der Stakeholder-Ansatz. Stakeholder sind definiert als „any individual or group who can affect or is affected by the actions, decisions, policies, practices or goals of the organization"[128] Im Gegensatz zum auf Aktionärsansprüche gemünzten (und damit für NPOs nicht anwendbaren) Shareholder-Ansatz sollen im Stakeholder-Ansatz all jene Gruppen, die von Handlungen und Entscheidungen einer Organisation betroffen sind, berücksichtigt werden. Ein „Stake" an einer Organisation ergibt sich so nicht nur durch Besitz, sondern auch durch ein gesetzliches oder moralisches Recht an ihr oder ein sonstiges Interesse durch die Existenz einer ein- oder wechselseitigen Beziehung mit der Organisation.[129] Primäre Stakeholder sind diejenigen, die essenziell für das Bestehen einer Organisation sind und einen legitimen Anspruch gegenüber dieser geltend machen können. Darunter fallen bspw. Mitarbeiter oder Mitglieder. Im Gegensatz dazu verfügen sekundäre Stakeholder nicht über einen legitimen Anspruch. Sie sind aber in der Lage, eine Organisation und deren primäre Stakeholder zu beeinflussen, und werden ihrerseits durch diese beeinflusst.[130] Im Unterschied zu Teilöffentlichkeiten existieren Stakeholder themenunabhängig und dauerhaft und müssen nicht aktiv sein, um für die Organisation relevant zu sein.[131]

Karmasin betont, dass Kommunikation mit Stakeholdern nicht einseitig oder persuativ sein dürfe, sondern vielmehr in einem Umfeld mit divergierenden Interessen den Versuch darstellen müsse, Legitimation zu erreichen und so Sozialkapital in Form von Vertrauen, Reputation und Anschlussfähigkeit im Netzwerk der Stakeholder generieren müsse.[132]

2.6.3. Krisenkommunikation

Krisen lassen sich dadurch charakterisieren, dass hochrangige Unternehmensziele bedroht sind, sie überraschend auftreten, ein hoher Entscheidungsdruck herrscht, eine

---

[127] Vgl. Deckers. S.373.
[128] Freeman, R. Edward: Strategic Management: A Stakeholder Approach. Boston 1984. S.25.
[129] Vgl. Röttger, Preusse, Schmitt. S.101.
[130] Vgl. ebd. S.96.
[131] Vgl. ebd. S.102.
[132] Vgl. Karmasin, Matthias: Stakeholder-Management als Grundlage der Unternehmenskommunikation. In: Piwinger; Zerfaß. S.84.

Auseinandersetzung mit verschiedenen Stakeholdern nötig wird und keine Erfahrung mit dem Umgang mit einer solchen Krise besteht.[133]

Generell ist der Einfluss von PR auf die Medien wesentlich geringer, wenn PR-Aktionen aus einer Krisen- oder Konfliktsituation entstehen.[134] Gerade im Fall von Krisen, aber auch zu deren Vorbeugung, ist es notwendig, PR mit dem Maximum an Professionalität und im optimalen Fall als integrierte Kommunikation zu betreiben.[135] Gezielte PR in der Krise kann natürlich nicht die Ursachen einer Krise beseitigen. Ihr Ziel muss sein, die negativen Folgen für eine Organisation und deren Image zu lindern. Dafür bedarf es des Bewusstseins, es mit einer sehr sensiblen Öffentlichkeit zu tun zu haben. Fehlt dieses, kann jahrelang aufgebaute Sympathie und Glaubwürdigkeit auf einen Schlag zunichte gemacht werden.[136] Um das Vertrauen aufrecht zu erhalten, sind einerseits Transparenz und Informationsweitergabe, die nicht erst auf Druck zustande kommt, notwendig. Andererseits muss von Seiten der Organisation echte Handlungsbereitschaft signalisiert werden.[137]

2.7. Non-Profit-PR

Nonprofit-Organisationen (NPO) sind im engeren Sinne Organisationen, die im „dritten Sektor"[138] handeln und als gemeinnützig eingestuft werden.[139] Auch wenn Ähnlichkeiten zwischen der PR des wirtschaftlichen und politischen Sektors auf der einen und des Nonprofit-Sektors auf der anderen Seite existieren, gibt es wesentliche Unterschiede. Der entscheidende liegt in dem Zweck, den die Tätigkeit der Organisation hat. So geht es bei der Kommunikation von NPOs nicht primär um Geld, sondern um die Sache an sich.[140] So grenzt Tonnemacher Non-Profit-PR wie folgt ab: *„Non-Profit-PR ist die Gestaltung der Kommunikationsbeziehungen einer Person oder Institution mit ihren Teilöffentlichkeiten zur Erreichung ideeller und sozialer Zielsetzungen, ohne dass dabei Eigeninteressen verfolgt werden, die über die Aufrechterhaltung und Verbesserung der eigenen Funktion zur Erreichung dieser Ziele hinausgehen."[141]* Damit verbunden ist, dass für eine NPO externe und interne Kommunikation ein Kernprozess ihrer Arbeit ist und ihr Gesamterfolg

---

[133] Vgl. Homuth, Sebastian: Wirksame Krisenkommunikation - Theorie und Praxis der Public Relations in Imagekrisen. Berlin 1997. S.7.

[134] Vgl. Burkart 1995. S.286.

[135] Vgl. Deckers. S.374.

[136] Vgl. Arendt. S.26.

[137] Vgl. Hubig; Siemoneit. S.183.

[138] Abseits vom ersten, dem wirtschaftlichen und dem zweiten, staatlichen Sektor.

[139] Brömmling, Ulrich: Nonprofit-PR. 2. überarbeite Auflage. Konstanz 2010. S.15.

[140] Vgl. Brömmling. S.21.

[141] Tonnemacher, Jan: Berufsfeld Non-Profit-PR. In: In: Bentele, Günter; Fröhlich, Romy; Szyska, Peter (Hrsg): Handbuch der Public Relations. Wissenschaftliche Grundlagen und berufliches Handeln. Wiesbaden 2005. S.491.

stark davon abhängt, wie effektiv die Kommunikationsaktivitäten ablaufen.[142] Unterschiedliche Studien zeigen, dass PR-Schaffende aus NPOs der Kommunikation mit der Gesellschaft einen sehr hohen Stellenwert einräumen. Demnach sehen sich drei Viertel der PR-Schaffenden in privaten NPOs als Mittler zwischen Organisation und Öffentlichkeit. Ein ebenfalls sehr hoher Anteil der in NPOs tätigen PR-Schaffenden sieht sich selber eher als Journalist und damit als „Anwalt" der Interessen der Gesellschaft.[143] Ferner ist NPO-PR verhältnismäßig handlungsfrei und genießt in der Regel einen gewissen Vertrauensbonus in der Öffentlichkeit und bei den Journalisten.[144] Dem gesamten Feld der PR im Nonprofit-Bereich ist immanent, dass sie unter einem besonders starken Professionalisierungsdruck steht. Da es immer mehr Akteure in dem Bereich gibt, herrscht hier verstärkt Konkurrenz um Aufmerksamkeit und Unterstützung.[145] Jedoch verfügen sie in der Regel über weitaus weniger finanzielle Ressourcen, um professionelle PR zu betreiben. Gerade das kann in Krisensituationen fatal sein kann, wenn im Vorfeld keine systematische PR betrieben wurde.[146] Die geringen Ressourcen zeigen sich auch darin, dass – wie mehrere Studien zeigen – in der NPO-PR eher Informationsverbreitung und weniger symmetrische Kommunikation betrieben wird.[147] Um gute PR zu betreiben, fehlt es in vielen NPOs an einem grundlegenden PR-Verständnis auf Seite der Organisationsführung, wie Pleil konstatiert.[148]

2.8. PR als Beruf

In der beruflichen Praxis ist PR ein sehr heterogenes Feld, das verschiedenste Tätigkeitsbereiche und Betätigungsfelder umfasst.[149] Der Beruf des PR-Schaffenden hat sich innerhalb der letzten Jahre stark gewandelt und entwickelt sich immer noch weiter. Vom Pressesprecher oder Pressestellenleiter hat sich das Berufsprofil zu einem

---

[142] Vgl. Bock, Hubert; Fuchs, Ludwig: Vom trägen Tanker zum wendigen Schnellboot – Organisationsstrukturen als Chance für die Kommunikation. In: Lange, Claudia; Albrecht, Werner: Zielgruppe: Gesellschaft. Kommunikationsstrategien für Nonprofit-Organisationen. Gütersloh 2001. S 65f.
[143] Vgl. Wienand, Edith: Public Relations als Beruf. Wiesbaden 2003. S. 388.
[144] Vgl. Brömmling. S.22f.
[145] Vgl. Ross, Alexander: Nonprofit oder non-professionell?, In: Brömmling. S.29.
[146] Vgl. Pleil, Thomas: Nonprofit-PR: Besonderheiten und Herausforderungen. 2004. http://www.thomas-pleil.de/downloads//Pleil_Nonprofit-PR-Suk.pdf (Abruf:20.11.2011). S.9.
[147] Vgl. ebd. S.12.
[148] Vgl. ebd. S.19.
[149] Vgl. Szyzka, Peter: Öffentlichkeitsarbeit und Kompetenz: Probleme und Perspektiven künftiger Bildungsarbeit. In: Bentele, Günter; Szyzka, Peter (Hrsg.): PR-Ausbildung in Deutschland. Entwicklung, Bestandsaufnahme und Perspektive. Opladen 1995. S.261.

Kommunikationsmanager gewandelt, der in verschiedensten komplexen Handlungsfeldern praktisch-technisch und strategisch agieren muss.[150]

Die Beschreibung des PR-Berufs wird von zwei Faktoren erschwert.[151] Einerseits ist eine trennscharfe Abgrenzung von Tätigkeiten aus dem Bereich Journalismus, Marketing und Werbung nicht immer möglich, auch wenn sich hier in den letzten Jahren ein Prozess der Ausdifferenzierung eines eigenen Berufsbild gezeigt hat. Und andererseits ist der Zugang zum Beruf des PR-Schaffenden – ähnlich wie der zu dem des Journalisten – nicht geregelt. Auch daraus resultieren die unterschiedlichen Verständnisse und Aufgabenfelder in der PR. Eine Folge daraus ist ein hoher Anteil von Laien ohne spezifische PR-Ausbildung innerhalb der PR. Dieser hohe Anteil an PR-Laien erschwert die Professionalisierung des beruflichen Handelns.[152]

Was den Ausbildungsgrad von PR-Schaffenden betrifft, führt der Weg in die PR in der Regel über die Hochschule. In einer Erhebung aus dem Jahr 2000 besuchten 80 Prozent der PR Schaffenden zuvor eine Universität oder Fachhochschule. Daneben wurden von 85 Prozent Zusatzqualifikationen im Bereich PR durch Praktika, berufsbegleitende Ausbildung und ähnliches gesammelt.[153]

---

[150] Vgl. Bentele, Günter: Berufsfeld Public Relations. Berlin 1998. S.11.
[151] Vgl. Röttger; Preusse; Schmitt. S.261f.
[152] Vgl. Wienand. S.220.
[153] Vgl. Wienand. S.294f.

3. Social Media

3.1. Definition und Abgrenzung

Die Vernetzung unserer Gesellschaft mittels Computer hat dafür gesorgt, dass das WWW als Ganzes sein Entwicklungsstadium verlassen hat und inzwischen auch als Massenmedium angesehen werden kann, da nicht die Technizität des Mediums ausschlaggebend ist, sondern vielmehr seine Integration in den sozialen Prozess der Massenkommunikation.[154] Diese Entwicklung scheint sich derzeit im Social Web zu wiederholen. Das Social Web umfasst die Anwendungen, die zum Informationsaustausch, zu Beziehungsaufbau und -pflege, der kommunikativen und kollaborativen Zusammenarbeit im gesellschaftlichen Rahmen dienen. Auch die dabei entstehenden Daten und zwischenmenschlichen Beziehungen gehören zur Gesamtheit des Social Web.[155] Die Anwendungen des Social Web haben einen *„grundlegenden sozialen Charakter, der aufeinander bezogenes Handeln zwischen Nutzern fördert, also über die Mensch-Maschine Interaktion hinaus geht.“*[156] Die einzelnen Anwendungen des Social Web sind es, die als Social Media bezeichnet werde. Social Media lässt sich auch definieren als: *„Internet-Plattformen, auf denen Nutzer mit anderen Nutzern Beziehungen aufbauen und kommunizieren können, wobei sich die Kommunikation nicht im Austausch von verbalen Botschaften erschöpft, sondern auch viele multimediale Formate mit einbezieht“*[157]

Zum Verständnis von Social Media und Social Web lohnt die Betrachtung des Begriffes Web 2.0 und ein Blick auf die Entwicklungen im Internet, die zum Aufkommen des Begriffs führten. Der Begriff Web 2.0 wurde vom US-amerikanischen Verleger Tim O'Reilly geprägt, der im Oktober 2004 die erste „Web 2.0 Conference" organisierte und sich an Vertreter der Internetwirtschaft richtete.[158] Im September 2005 veröffentliche O'Reilly dann sein Essay „What Is Web 2.0", in dem er sein Konzept vom Web 2.0 erläuterte. Dabei stammt der Zusatz 2.0 ursprünglich aus der Softwarebranche. Die neue Versionsnummer vor dem Punkt bedeutet dort die nächste Entwicklungsstufe einer Software, im Gegensatz zu den Aktualisierungen innerhalb einer Version, die mit der Zahl hinter dem Punkt angegeben werden. Der Begriff Web 2.0 implizierte also, dass es einen großen Sprung in der Entwicklung des Internets gegeben habe. In seinem Essay versuchte O'Reilly die Trennlinie zwischen dem „Web 1.0" und dem Web 2.0 zu ziehen und begann

---

[154] Vgl. Burkart 1995. S.165.
[155] Vgl. Ebersbach; Glaser; Heigl. S.35.
[156] Vgl. Schmidt 2009. S.21.
[157] Heymann-Reder, Dorothea: Social Media Marketing: Erfolgreiche Strategien für Sie und Ihr Unternehmen. München 2011. S.18.
[158] Vgl. Schmidt, Jan: Das neue Netz. Merkmale, Praktiken und Folgen des Web 2.0. Konstanz 2009. S.11.

damit, Beispiele für die Entwicklung zu geben. So konstatierte er gewisse Angebotsformen und Praktiken, die ältere abgelöst hätten bzw. exemplarisch für das Web 2.0 stünden. So seien Angebotsformen und Prinzipien aus dem „Web 1.0" im Web 2.0 durch neue Formen ersetzt worden. Statt klassischer Nachschlagewerke sei Wikipedia entstanden und statt persönlicher Webseiten gäbe es nun Blogs. Das „Prinzip Veröffentlichung" habe sich zum „Prinzip Beteiligung" gewandelt.[159]

Der Begriff setzte sich in der Folgezeit durch, obwohl er inhaltlich wenig Gehalt bot und der Gedanke vom klaren Sprung von einer Version auf eine neue Stufe der Entwicklung, wissenschaftlich nicht schlüssig war.[160] So entstanden viele der damals wie heute erfolgreichen Angebote bereits vor dem Jahr 2000. Die Legende von der sprunghaften Veränderung kann mit der Entwicklung der technischen Grundlagen des Internets widerlegt werden. So gab es viele dem Web 2.0 zugeschriebene Möglichkeiten schon über einen längeren Zeitraum. Praktisch nutzbar für die breite Masse der Internetnutzer wurden sie aber erst mit der Verbreitung der ISDN- und DSL-Technologie, die eine höhere Geschwindigkeit im Internet und größere Datenvolumina ermöglichte.[161] Es ist also festzuhalten, dass Web 2.0 mehr eine gefühlte Veränderung im Internet beschreibt, als eine reale.[162] Letzten Endes war der Begriff Web 2.0 nicht so erfolgreich, weil er eine exakte Beschreibung der Entwicklung des Internets gab, sondern weil er eine neue Entwicklungsstufe im Internet postulierte.[163] So bleibt er für den wissenschaftlichen Gebrauch ungeeignet, weshalb hier die Begriffe Social Web und Social Media verwendet werden.

3.2. Prinzipien des Social Web

Bereits in seinem „Web 2.0" Essay beschrieb O'Reilly Prinzipien des Social Web. Dazu gehören technische Aspekte wie Hyperlinks als Grundlage, und darauf aufbauend, dynamische Links wie Permalinks und die RSS Technologie, die es möglich macht, neue Einträge von Blogs und anderen Webseiten zu abonnieren.[164]

Darüber hinaus ist das Social Web eine Ansammlung von verschiedenen Prinzipien und Praktiken. Das erste Prinzip besteht darin, das Internet als Plattform zu verstehen. Damit ist

---

[159] Vgl. O'Reilly, Tim (Deutsche Übersetzung Patrick Holz):Was ist Web 2.0? Entwurfsmuster und Geschäftsmodelle für die nächste Software Generation. http://www.oreilly.de/artikel/web20_trans.html (Abruf 13.12.2012).
[160] Vgl. Schmidt 2009. S.12.
[161] Vgl. Schmidt 2009. S.13.
[162] Vgl. Ebersbach, Anja; Glase, Markus; Heigl, Richard: Social Web.2. völlig überarbeitete Auflage. Konstanz 2011. S.27.
[163] Vgl. Schmidt 2009. S.21.
[164] Vgl. O'Reilly, Tim.

gemeint, dass eine Vielzahl von Anwendungen im Internet nicht mehr über den Download und die Installation von Software auf dem eigenen Rechner funktioniert. Stattdessen laufen die Anwendungen im Webbrowser und sind so unabhängig vom Betriebssystem der Nutzer nutzbar.[165] Die Anwendungen sind dabei sowohl der öffentlichen Kommunikation als auch der Individualkommunikation zuzuordnen.[166]

Ein wesentlich wichtigeres Merkmal als die Technizität ist die Möglichkeit, „User Generated Content" zu publizieren. Im Social Web ist es nicht mehr länger Aufgabe des Betreibers, die Seite mit Inhalten zu befüllen. Es gibt eine „Architektur der Partizipation", in der die Nutzer diese Funktion übernehmen.[167] Denn *„Jeder Nutzer ist potentieller Sender, der Inhalte in das Netz einspeisen kann und mit anderen Inhalten verknüpfen kann."*[168] Dabei umfasst „User Generated Content" sowohl eigene multimediale Inhalte wie ein hochbeladenes Video bei Youtube als auch Kommentare z.B. in Blogs oder auf Facebook. Letztere Form des „User Generated Content" bildet die Grundlage eines Dialogs im Social Web. Für Organisationen, die Social Media einsetzen, stellte so bereits O'Reilly fest, dass diese Vertrauen in die Anwender haben müssten, da diese Mitentwickler seien.[169]

Ein immer wieder angesprochener Punkt ist, dass Social Media-Angebote prinzipiell demokratisch seien, weil durch geringe Zugangsbarrieren die Partizipation vereinfacht und Transparenz ermöglicht werde.[170] Durch die Möglichkeit der Administration auf der Anbieterseite besteht aber immer noch ein Machtgefälle zwischen dem professionellen Kommunikator und dem Nutzer, wobei bei großen Anbietern wie Facebook beide Seiten an dessen Vorgaben gebunden sind. Aber prinzipiell bieten die verschiedenen Möglichkeiten zur Kommunikation, Interaktion und Partizipation durch Social Media, die Möglichkeit ein habermas`sches Modell einer diskursiven Öffentlichkeit zu verwirklichen.[171] Denn dadurch, dass sich durch Social Media Kommunikationsinhalte herstellen, modifizieren und verbreiten lassen, findet ein kategorialer Wandel der Öffentlichkeit statt, da nun für jeden einzelnen Nutzer die Möglichkeit besteht, Medien zu produzieren, ohne dabei den konventionellen Ansprüchen von öffentlichen Instanzen wie den Massenmedien genügen zu müssen. So kommt es zu einer Veränderung des Informationsflusses und seiner

---

[165] Vgl. Schmidt 2009. S.13.
[166] Hasebrink, Uwe: Medien von A bis Z – ein Überblick. In: Hans-Bredwo-Institut (Hrsg.):Medien von A bis Z. Wiesbaden 2006.S .10.
[167] Vgl. Ebersbach; Glaser; Heigl. S.29.
[168] Schmidt 2009. S.19.
[169] Vgl. O'Reilly.
[170] Vgl. Büsch. S. 7.
[171] Vgl. Einspänner, Jessica: Digital Public Affairs – Lobbyismus im Social Web. In: Bender, Gunnar; Werner, Torben (Hrsg.): Digital Public Affairs. Social Media für Unternehmen, Verbände und Politik. Berlin 2010. S.33.

klassischen Kontrollordnung, da nun die Nutzer durch die digitalen Partizipationsmöglichkeiten, die ihnen Social Media bietet, die soziale, politische und ökonomische Agenda verstärkt mitbestimmen können und diese nicht mehr durch ein hierarchisch aufgebautes Top-Down-Konstrukt dominiert wird. Denn durch die Möglichkeit, dass Nutzer sich beispielsweise durch Kommentare oder selbst aufbereitete Inhalte an einem Social Media Angebot beteiligen, entsteht ein Rückkanal, der einen Dialog ermöglicht. Somit kann man verschiedenen Social Media im Sinne der VÖA attestieren, dass sie Zwittermedien sind, da über sie sowohl Information und Verbreitung von Inhalten als auch Dialog möglich ist. Die Option zur Interaktion auch untereinander ermöglicht es Nutzern, auch auf sozialer Ebene soziale Netze zu pflegen und weiterzuentwickeln.[172] Pleil differenziert aus den Prinzipien des Social Web fünf Handlungsoptionen, die sich daraus ergeben:[173]

• Publizieren: Jede Form von Veröffentlichung von eigenen Inhalten (User Generated Content)

• Vernetzung: Einerseits die Vernetzung von Organisationen und/oder Individuen und andererseits durch technische Mechanismen

• Teilen: Weiterverbreitung von Informationen

• Zusammenarbeiten: Kollektives Arbeiten bspw. in einem Wiki

• Bewerten und Filtern: Menschliche Bewertungen, die dem Nutzer Orientierung bieten.

Weiterhin erkannte schon O'Reilly (im Bezug auf Werbung im Internet) die Bedeutung des so genannten „Long Tail", womit die Menge vieler kleiner Webseiten gemeint ist, die zwar wenige Besucher haben, aber durch ihre schiere Menge bedeutsam sind. Denn dadurch, dass im Internet keine Bindung an Zeit und Raum existiert, können sich Nischenangebote etablieren, auch wenn diese nur einen sehr kleinen Kreis von Nutzern interessieren und erreichen.[174]

Wichtig für das Funktionieren von Social Media ist die wechselseitige Anschlussfähigkeit von Diensten und deren Kombinierbarkeit.[175] Durch offene Schnittstellen, die so genannten APIs, lassen sich so vorhandenen Daten kombinieren.[176] So ist es beispielsweise möglich, sich mit einem Account von Twitter oder Facebook bei anderen Portalen anzumelden oder

---

[172] Vgl. Pleil, Thomas: Social Media und ihre Bedeutung für die Öffentlichkeitsarbeit. In: Kayser, Maike; Böhm, Justus; Spiller, Achim (Hrsg.): Die Ernährungswirtschaft in der Öffentlichkeit. Social Media als neue Herausforderung der PR. Göttingen 2010. S.15.
[173] Vgl. ebd. S.20.
[174] Vgl. Büsch. S. 8.
[175] Vgl. Schmidt 2009. S.13.
[176] Vgl. Ebersbach; Glaser; Heigl. S. 30f..

Inhalte aus einem sozialen Netzwerk in ein anderes zu importieren. [177] Ebersbach, Glaser und Heigel ordnen drei weitere Aspekte dem Social Web zu. So machen sie auf juristische Herausforderungen, mögliche neue Geschäftsmodelle und die Existenz einer eigenen Ästhetik aufmerksam.[178]

In der öffentliche Wahrnehmung wird Social Media in Zusammenhang gebracht mit Formen der mobilen Kommunikation über internetfähige Smartphones oder Tabletcomputer. Auch die Software für diese Geräte, die so genannten Apps werden ebenfalls mit Social Media in Verbindung gebracht. Mobile Nutzung ist aber nicht grundlegend von Bedeutung für Social Media. Jedoch werden so neue Formen der Social Media-Nutzung überhaupt erst ermöglicht, die eine immer wichtigere Rolle spielen.

3.3. Social Media-Angebotsformen

3.3.1. Blogs

Blogs oder Weblogs sind Webseiten, deren Inhalt regelmäßig aktualisiert und in umgekehrter chronologischer Reihenfolge dargestellt wird und den Lesern die Möglichkeit gibt, Kommentare zu schreiben.[179] Die Kommentarfunktion als zentrales Merkmal ermöglicht im Vergleich zur klassischen Webseite einen Rückkanal. Blogs können über RSS abonniert werden, einzelne Artikel sind über Permanentlinks abrufbar und es steht ein Archiv zur Verfügung. Durch Trackbacks kann in Blogs angezeigt werden, wenn in einem anderen Blog auf diesen verlinkt wurde, was die in der (Blogosphäre genannten) Gesamtheit der Blogs typische starke Vernetzung untereinander verstärkt.[180] Unter Nutzern von Blogs ist der „Mitmachgedanke" stärker ausgeprägt als in anderen Social Media-Formen. 60 Prozent ihrer Nutzer schreiben selber oder kommentieren andere Blogs.[181] In einer Studie von 2006 zeigt sich, dass 59 Prozent der Leser bei der Lektüre von Blogs erwarten, Informationen zu erhalten, die in anderen Medien nicht zur Verfügung stehen.[182] Informationen in Blogs sind für Nutzer ohne Registrierung abrufbar.

3.3.2. Microblogging / Twitter

„Micro-blogging is a form of blogging that allows users to write extremely short text-only blogs."[183] Beim erfolgreichsten Mircoblogingdienst Twitter können Nutzer 140 Zeichen

---

[177] Vgl. Büsch. S. 7.
[178] Vgl. Ebersbach; Glaser; Heigl. S. 31f
[179] Vgl. Schmidt, Jan: Weblogs. Eine kommunikationssoziologische Studie. Konstanz 2006. S.13.
[180] Vgl. Ebersbach; Glaser; Heigl. S.67f
[181] Vgl. Busemann; Gscheidle. S.362.
[182] Vgl. Ebersbach; Glaser; Heigl. S.72.
[183] Brown. S.36.

lange Nachrichten (Tweets) an Abonnenten (Follower) versenden. Davon machen in Deutschland bisher nur sehr wenige Internetnutzer Gebrauch, wobei der Dienst in einigen Organisationen längst Teil der Kommunikationsstrategie ist.[184] Besonders vom Menschen mit Bezug zur öffentlichen Kommunikation und dem Medium Internet wird Twitter verstärkt genutzt und auch im Journalismus kommt der Dienst inzwischen verstärkt zum Einsatz.[185] Hier dient es in der Regel weniger als Recherchemittel, als vielmehr als Medium zur Interaktion mit Nutzern. Gerade wegen seiner Einfachheit ist Twitter inzwischen auch eine anerkannte Quelle Real-Time-News geworden, besonders in Krisensituationen.[186] Dieses liegt daran, dass sich über die Netzwerkstruktur Informationen sehr schnell verbreiten lassen. Denn durch einen so genannten ReTweet lassen sich Tweets die man selber empfangen hat, an das eigene Follower-Netzwerk weiterleiten, wodurch es zu einem Netzwerkeffekt kommen kann. Attraktiv ist Twitter auch für die mobile Nutzung z.B. mit Smartphones. Auch lassen sich über sekundäre Anbieter Fotos oder Videos über Twitter veröffentlichen. Twitter ist sehr offen und besonders für PR schwer kontrollierbar. Denn anders als bei einem Blog oder einem sozialen Netzwerk werden Kommentare nicht an dem vom Betreiber kontrollierten Ort der Kommentarfunktion veröffentlicht. Ein Tweet wird vom Nutzer in die Welt geschickt und andere Nutzer können darauf reagieren. Orientierung bieten dabei die so genannten Hashtags, mit denen man seiner Nachricht eine Art Kategorie zuweisen kann. Damit wird es für andere Nutzer einfacher, Nachrichten zu einem Thema zu finden und auch Diskussionen zu einem bestimmten Thema zu folgen.

3.3.3. Soziale Netzwerke / Facebook

Soziale Netzwerke bieten registrierten Nutzern die Möglichkeit, eine Profilseite mit Informationen über die eigene Person einzurichten, in Beziehung zu anderen Nutzern zu treten und mit diesen über Nachrichten, Statusmeldungen oder Kommentare zu letzteren zu kommunizieren. Auch Organisationen haben die Möglichkeit Seiten zu erstellen und sich über diese zu präsentieren und Kontakt- und Kontaktiermöglichkeiten zu bieten. Viele große soziale Netzwerke besitzen Strukturmerkmale, die Blogs oder anderen Social Media Angeboten zugeschrieben werden. So entspricht die Facebook-Pinnwand im weiteren Sinne der Definition eines Blogs oder Mircoblogs. Nutzer können auch Bild- und Videomaterial hochladen und kommentieren, was Merkmale von entsprechenden Foto- und Videocommunitys sind. Neben öffentlichen Nutzerprofilen oder Seiten existieren in der

[184] Vgl. Busemann; Gscheidle. S.369.
[185] Vgl. Neuberger, Christoph; vom Hofe, Hanna Jo, Nuernbergk, Christian: Twitter und Journalismus. Der Einfluss des „Social Web" auf die Nachrichten. Düsseldorf 2010.
[186] Vgl. Ebersbach; Glaser; Heigl. S.91.

Regel auch geschlossene Gruppen, die die Möglichkeit zur nichtöffentlichen Kommunikation bieten.

Was die aktive (also nicht rein konsumierende) Nutzung angeht, liegen soziale Netzwerke in Deutschland weit vor allen anderen Social Media Angeboten. 42 Prozent der deutschen Onliner – das entspricht 23,5 Millionen Menschen – nutzen soziale Netzwerke.[187] Dort verbringen sie fast ein Viertel der Zeit, die sie sich im Internet bewegen.[188] Facebook ist das weltweit größte soziale Netzwerk und weist auch in Deutschland in allen Altersgruppen die höchsten Nutzerzahlen auf. Andere Social Networks wurden in ein Nischendasein abgedrängt. Laut einer repräsentativen Untersuchung des Branchenverbands BITKOM sind in Deutschland 51 Prozent der Onliner Mitglieder bei Facebook.[189] Abgeschlagen auf den weiteren Plätzen folgen Stayfriends (27%), die ehemals in Deutschland führenden VZ-Netzwerke (23%) und wer-kennt-wen (19%). Das vom Internetkonzern google gegründete google+ liegt bei 6 Prozent und das beruflich orientierte xing bei 9 Prozent. Die Untersuchung zeigt ferner, dass soziale Netzwerke, und unter ihnen besonders Facebook, längst kein Jugendphänomen mehr sind. Demnach haben 48 Prozent der 30 bis 49 Jährigen einen Facebook Account. Bei den über 50 Jährigen waren es noch 32 Prozent. Auch in Organisationen im deutschsprachigen Raum ist Facebook das meistgenutzte soziale Netzwerk.[190]

Anders als Blogs steht bei sozialen Netzwerken die Selbstdarstellung und das „Sich Austauschen" mit einem begrenzten Publikum im Vordergrund.[191] So ist das Hauptmotiv zur Nutzung sozialer Netzwerke die Kommunikation mit anderen Nutzern, während die Kommunikation auf Fanseiten weniger genutzt wird. Auf Facebook können Nutzer mittels Klick auf den „Gefällt mir"-Knopf Fan einer Seite werden. Das eigene „Fansein" wird auf dem eigenen Facebookprofil angezeigt. Darüber hinaus erhalten die Fans Statusupdates der Seiten in ihrer eigenen Timeline[192], neben denen ihre Freunde. Jedoch können Fans mit

---

[187] Vgl. Busemann; Gscheidle. S.369.
[188] Vgl. bitkom.de: Internetnutzer verbringen die meiste Zeit in Sozialen Netzwerken. 12.02.2012. http://www.bitkom.org/de/presse/8477_71209.aspx (Abruf: 14.02.2012).
[189] Vgl. bitkom.de: Soziale Netzwerke. Zweite, erweiterte Studie.Eine repräsentative Untersuchung zur Nutzung sozialer Netzwerke im Internet. Berlin 2011. http://www.bitkom.org/files/documents/BITKOM_Publikation_Soziale_Netzwerke_zweite_Befragung.pdf (Abruf: 23.01.2012). S.8.
[190] Vgl. Zerfaß, Ansgar; Fink, Stephan; Linke, Anne: Social Media Governance 2011 – Kompetenzen, Strukturen und Strategien von Unternehmen, Behörden und Non-Profit-Organisationen für die Online-Kommunikation im Social Web. Leipzig, Wiesbaden 2011. http://www.ffpr.de/fileadmin/user_upload/PDF-Dokumente/Social_Media_Governance_2011_-_220811_Final.pdf (Abruf: 14.11.2011). S.38.
[191] Vgl. Schmidt 2009. S.109.
[192] Timeline nennt sich der auf der Startseite des Facebook Nutzers angezeigte Nachrichtenstream.

einem Klick neue Updates und Beiträge einer Fanseite verbergen, so dass diese nicht mehr auftauchen.

Neben der Kommunikation untereinander spielt die Information über das eigene Freundenetzwerk eine wichtige Rolle. Zu diesen klassischen Funktionen von Social Networks kommt inzwischen verstärkt die gezielte Suche nach Informationen hinzu. 28 Prozent der Nutzer machen von der Funktion Gebrauch, sich tagesaktuell zu informieren. Damit einher geht das verstärkte Verlinken und Posten von Informationen durch die Nutzer. Dies tun inzwischen 33 Prozent.[193]

3.3.4. Wikis

„Ein Wiki ist eine online verfügbare Seitensammlung, die vom Nutzer gelesen, verändert oder erweitert werden kann."[194] Von technischer Seite her ist ein Wiki ein Content Management System, das es ermöglicht Seiten, von mehren Nutzern bearbeiten zu lassen. Das wohl bekannteste und meistgenutzte Wiki ist das Onlinelexikon Wikipedia. Auch wenn Wikipedia als „ur" soziales Medium kollektiv gesammeltes Wissen enthält, dient die Seite für 97 Prozent der Nutzer lediglich dem Informationsabruf, ohne dass sie Informationen einstellen oder Beiträge verfassen.[195] Andere Wikis wie bspw. das Guttenplag Wiki oder das Vroniplag Wiki, in denen es um die Aufdeckung von Plagiatsstellen in Doktorarbeiten ging, zeigen, dass Wikis durchaus ein hohes Potential für kollaboratives Arbeiten haben.

3.3.5. Video- und Fotoplattformen

Video- und Fotoplattformen wie youtube oder flickr bieten Nutzern die Möglichkeit, eigenes Video- und Fotomaterial hochzuladen und zu kommentieren. Dafür ist in der Regel eine Anmeldung erforderlich. Besonders Videoplattformen teilen ein ähnliches Schicksal wie Wikipedia, was Popularität und Aktivität der Nutzer angeht. So sind Videos im Internet bei den Nutzern sehr populär, aber selber Videos hochzuladen ist, genau wie deren Kommentierung, ein Nischenphänomen.[196] Solche Plattformen bieten in der Regle die Möglichkeit, hier veröffentlichte Inhalte in anderen Webseiten oder Social Media Angeboten einzubinden. Da das Hochladen von Fotos auch eine zentrale Funktion bei

---

[193] Vgl. Busemann; Gscheidle: S.365ff.
[194] Huber. S.78.
[195] Vgl. Busemann; Gscheidle. S.363.
[196] Vgl. Busemann; Gscheidle. S.364.

Facebook ist, ist davon auszugehen, dass es dort inzwischen weitaus mehr Fotos der Nutzer gibt als auf speziellen Fotoplattformen wie flickr.[197]

3.3.6. Weitere Angebotsformen

Ebenfalls zu Social Media gezählt werden Social Bookmarkingdienste, in denen Internetlesezeichen online gespeichert, verschlagwortet und mit anderen Nutzern geteilt werden können und Bewertungsportale auf denen Nutzer etwas (die Möglichkeiten reichen von Restaurants bis hin zu Professoren) bewerten und von den Erfahrungen anderer Nutzer profitieren können.[198] Die Tatsache, dass sich Smartphones mit GPS Empfang immer weiter verbreiten, hat in diesem Zusammenhang zum Auftauchen von ortsbasierten Diensten geführt. Diese erlauben es, Informationen und Bewertungen anderer Nutzer im Umkreis der eigenen Position anzeigen zu lassen. Im Zusammenhang mit dem Begriff Web 2.0 werden auch podcasts genannt. Hierbei handelt es sich um über RSS Feeds abonnierbare Audiodateien.[199] Letztere haben aber einen geringen sozialen Charakter und sind mit höheren Produktionskosten verbunden.

Darüber hinaus gibt es eine Vielzahl von anderen Anwendungen, deren Aufzählung und Beschreibung hier nicht zielführend wäre. Einen Einblick, wie bunt und vielseitig der Social Media Markt mit seinen verschiedenen Anbietern ist, soll folgende Grafik anschaulich machen:

---

[197] Vgl. Good, Jonathan: How many photos have ever been taken? 15.09.2011
http://1000memories.com/blog/94-number-of-photos-ever-taken-digital-and-analog-in-shoebox (Abruf: 11.03.2012).
[198] Vgl. Ebersbach; Glaser; Heigl. S.117ff.
[199] Vgl. Alby, Tom: Web 2.0: Konzepte, Anwendungen, Technologien. München 2008. S.73.

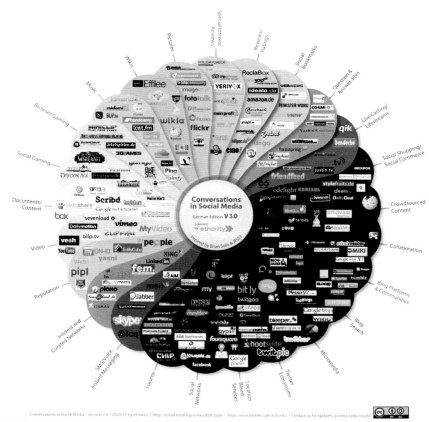

Abbildung 2. Vielfalt des Social Media Angebots.[200]

3.4. Social Media Nutzung

3.4.1. Nutzung in Deutschland

Laut „ARD ZDF Onlinestudie"[201] wird das Internet von 73,3 Prozent der Deutschen genutzt. Bei den unter 30-Jährigen nutzen fast 100 Prozent das Internet. Was die Nutzung angeht, dominieren mit Youtube und Wikipedia zwei Angebote, bei denen die Nutzer ohne Eigenleistung Inhalte konsumieren können. Daneben zeigt auch diese Studie deutlich, dass soziale Netzwerke inzwischen eine sehr hohe Penetration in der Gesamtbevölkerung erreicht haben.

---

[200] Ethority.de: Social Media Prisma: http://www.ethority.de/uploads/smprisma/smprism3_web_big.jpg (Abruf:16.02.2012).
[201] ARD/ZDF-Medienkommission (Hrsg.): ARD ZDF Onlinestudie www.ard-zdf-onlinestudie.de (Abruf: 14.11.2011).

	Regelmäßige Nutzung	Gelegentliche Nutzung	Gesamt
Wikipedia	29	70	99
Videoportale	31	58	89
Private soziale Netzwerke	35	42	77
Blogs	7	1	8
Fotosammlungen	3	18	21
Berufliche soziale Netzwerke	3	6	9
Twitter	0	3	3

Tabelle 3. Social Media Nutzung in Deutschland. Eigene Darstellung nach ARD ZDF Onlinestudie.[202]

Auch wenn prinzipiell der User Generated Content einen hohen Stellenwert für Social Media hat, zeigt die Praxis ein anderes Bild. „Für die überwältigende Mehrheit der Onliner ist das Produzieren von User Generated Content eher uninteressant. Bei den meisten Nutzern vollzieht sich also keine Änderung im Umgang mit dem Internet weg vom Abrufmedium hin zum Partizipationsinstrument."[203]

3.4.2. Funktionen der Social Media Nutzung

Jan Schmitt teilt die Social Media Nutzung in drei verschiedene Handlungskomponenten ein.[204] Er unterscheidet zwischen:

- Informationsmanagement — der Selektion, Filterung, Bewertung und Verwaltung von Informationen
- Identitätsmanagement — der Präsentation der eigenen Person
- Beziehungsmanagement — dem Pflegen und Knüpfen von Kontakten

Bei dieser Unterscheidung wird Management nicht im Sinne des strategischen, geplanten und rationalen Handelns gesehen, sondern eher als die praktische, routinierte Handhabung betrachtet. Handeln wird verstanden als *„Sich-In Beziehung setzen zum Selbst, zu anderen und zur Welt".*[205]

---

[202] Vgl. Web 2.0 Nutzung. In: ARD ZDF Onlinestudie. http://www.ard-zdf-onlinestudie.de/index.php?id=307 (Abruf: 16.02.2012).
[203] Busemann, Katrin; Gscheidle, Christoph: web 2.0: Aktive Mitwirkung verbleibt auf niedrigem Niveau. In: media perspektiven 7-8/2011. S.360f.
[204] Vgl. Schmidt 2009. S.71.
[205] Schmidt 2009. S.71.

3.4.2.1. Informationsmanagement

Die derzeitige Gesellschaft ist eine Informationsgesellschaft mit einem Überschuss an Informationen.[206] [207] In dieser können potenziell unbegrenzte Akteure Informationen bereitstellen, Aufmerksamkeit lenken und Öffentlichkeit konstituieren.[208] [209] Dabei ist zu beobachten, dass die Bevölkerungsgruppen mit hohem sozialökonomischen Status und/oder einem hohem Bildungsgrad sich generell schneller Informationen aneignen.[210] Im Internet kann Öffentlichkeit auf verschiedenen Ebenen[211] zustande kommen. So existieren große Nachrichtenseiten und publizistische Angebote, die sich an ein dauerhaft vorhandenes Publikum richten (massenmediale Öffentlichkeit, Journalismus und PR), spezifische Gruppen oder Foren (Themen- und Versammlungsöffentlichkeit), genau so wie es die Möglichkeit zum Chat oder des Kommentierens auf Profilseiten gibt (Encounter-Öffentlichkeit). Hierbei ist die Trennung dieser Ebenen durch die Existenz der Rückkanäle (Kommentarfunktionen, Weiterempfehlungen, etc.) im Social Web kaum noch möglich. Denn hier lösen sich die klar getrennten Kommunikationsrollen und die getrennten Kommunikationsarenen auf. So kommt es dazu, dass sich unterschiedliche Teilöffentlichkeiten, bilden bei denen eine Unterscheidbarkeit von privater und öffentlicher Kommunikation nicht mehr gegeben ist.[212]

Suchmaschinen bieten dem Nutzer die Möglichkeit, Informationen zu filtern, und übernehmen eine Aufgabe, die früher dem Journalisten zufiel. Durch deren Nutzung wird dieser Akt an einen technischen Prozess übertragen. Auch wenn beispielsweise vom Suchmaschinenanbieter Google betont wird, dass es kein menschliches Eingreifen in den Prozess gebe, ist dies problematisch. Durch Social Media kann diese Problematik entschärft werden. Denn dadurch dass Informationen durch andere Nutzer, zu denen man eine Beziehung hat, (Freunde bei Facebook, Twitteraccounts, denen man selbst folgt, etc.) selektiert werden, erhöht sich die Chance, relevante Informationen von vetrauenswürdigen Kommunikatoren zu finden.[213] Im Social Web ist es also das eigene soziale Netzwerk, das eine Filterfunktion erfüllt und Nutzer auf für sie relevante Informationen hinweist.[214] Jeder Nutzer hat im Social Web aber auch die Möglichkeit sich seinen eigenen

---

[206] Vgl. Schmidt 2009. S.95.
[207] Vgl. Burkart 1993. S.7.
[208] Schmidt 2009. S.96.
[209] Vgl. Pleil 2010. S.8f.
[210] Vgl. Burkart 1995. S.246f.
[211] Zur Erklärung der verschieden Ebenen Vgl. Jarren, Otfried; Donges, Patrick: Politische Kommunikation in der Mediengesellschaft. Eine Einführung. 2. überarbeitete Auflage. Wiesbaden 2006. S.103f. Oder auch Strohmeier, Gerd: Politik und Massenmedien. Eine Einführung. Baden Baden 2004. S.78ff.
[212] Vgl. Pleil 2010. S.9f.
[213] Vgl. Schmidt 2009. S.136.
[214] Vgl. Pleil. 2010. S.14.

„Informationscocktail" nach seinen eigenen Vorlieben zu mischen und es gezielt zu vermeiden, sich anderen Informationen und Argumenten auszusetzen, die mit der eigenen Position nicht übereinstimmen.[215] Von der Möglichkeit selber, „News" über Social Media weiterzuleiten, machten laut einer Studie des Pew Internet & American Life Project in den USA 52 Prozent der Befragten Gebrauch.[216]

Von einer strikten Trennung von Social Media und klassischen Massenmedien, bzw. deren Ablegern im Internet in Form von Nachrichtenwebseiten, zu sprechen, wäre falsch. Denn es besteht die Möglichkeit, dass Informationen aus Social Media Kanälen mit geringer Reichweite ihren Weg in die Massenmedien finden.[217] Auch spielen Informationen aus den Massenmedien ein wichtige Rolle in Social Media. So verweisen ein Drittel aller Links auf Twitter auf redaktionelle Inhalt.[218] Social Media kann für den Nutzer neue Perspektiven auf Medieninhalte liefern und deren Einordnung in thematische Kontexte unterstützen.[219] Für den einzelnen Nutzer, der Informationen im Social Web bereitstellt, kann es dadurch zu einem Gewinn an Reputation kommen. Denn wer regelmäßig interessante Inhalte veröffentlicht, der bietet den anderen Nutzern einen echten Mehrwert und wird im Netzwerk stärker wahrgenommen.[220]

Aber auch Informationen, die nicht vom Journalisten ausgewählt und massenmedial verbreitet werden, sind im Social Web sichtbar. Das klassische Gatekeepermodell hat so ausgedient.[221] Zwar wird der professionelle Journalismus mit seinen Funktionen der Informationsauswahl, -aufbereitung und -verbreitung nicht überflüssig durch Social Media, jedoch verliert er seine dominante Stellung in Bezug auf die Publikation von Inhalten und deren Bewertung.[222]

3.4.2.2. Identitätsmanagement

Der gesellschaftlichen Modernisierung und der Individualisierung ist es geschuldet, dass das Leben der einzelne Individuen nicht mehr durch das feste gesellschaftliche Gefüge und die Tradition vorgeben ist. Die klassischen Massenmedien spielen dabei eine wesentliche Rolle, da sie Rollenvorbilder liefern und im beschränkten Umfang Selbstthematisierung als

---

[215] Vgl. Schmidt 2009. S.98.
[216] Pew Internet & American Life Project: Understanding the Participatory News Consumer
    http://www.pewinternet.org/Reports/2010/Online-News.aspx?r=1 (Abruf:02.12.2011).
[217] Vgl. Schmidt 2009. S.99.
[218] Vgl. Maireder, Axel: Links auf Twitter. Wie verweisen deutschsprachige Tweets auf Medieninhalte?
    Wien 2011. https://fedora.phaidra.univie.ac.at/fedora/get/o:64004/bdef:Content/get (Abruf: 2.
    8.11.2011). S.12.
[219] Vgl. Maireder S.22.
[220] Vgl. Einspänner. S.32.
[221] Vgl. Zerfaß 2004. S.423.
[222] Vgl. Schmidt 2009. S.129.

Form des Identitätsmanagements ermöglichen, wobei die Zugangsbarriere hier recht hoch ist. Im Internet und besonders bei einfach zu bedienenden Social Media Anwendungen liegt sie wesentlich niedriger und das Identitätsmanagement richtet sich hier in der Regel an ein kleineres Publikum.[223]

Teil des Informationsmanagements und des gesamten Umgangs mit Social Media ist das Eingeben und die Freigabe von persönlichen Informationen. Die Arten der einzugebenden Informationen unterscheiden sich bei den verschiedenen Social Media Angeboten. Ein beruflich ausgerichtetes soziales Netzwerk wie Xing oder Linkedin stellt andere Anforderungen an die Nutzer als ein Twitterchannel oder ein Blog zu einem Nischenthema. Teilweise wird von den Anbietern explizit verlangt, dass der wahre Name genannt wird, wie in den Nutzungsbedingungen von Facebook.[224]

Seine berufliche Identität von seiner privaten zu trennen, ist in sozialen Netzwerken durchaus problematisch. Denn hier besteht die Gefahr, dass Inhalte, die eigentlich nur zur privaten Weitergabe bestimmt waren, öffentlich werden. Hier sind es abermals die technischen Vorgaben, welche die Angebote machen, die ein differenziertes Identitätsmanagement verhindern. Diese Lücke im Social Media Angebot hat der Google Konzern dem Anschein nach erkannt. Sein soziales Netzwerk Google+ bietet den Nutzern die Möglichkeit, sehr einfach auszuwählen, mit wem Inhalte geteilt werden. Doch weitestgehend lässt sich feststellen, dass durch Social Media Grenzen zwischen dem, was als privat gilt und dem, was öffentlich zugänglich ist, verschwimmen.[225]

Dabei gilt im im Internet eigentlich seit jeher die Regel „In the internet nobody knows that you're a dog". Sie stammt aus einer Karikatur des Zeichners Peter Steiner, die am am 5. Juli 1993 in der Zeitschrift „New Yorker" abgedruckt wurde. Sie zeigt zwei Hunde vor einem Computer und den titelgebenden Satz.

Die Karikatur und der Satz können stellvertretend dafür stehen, dass in der computergestützten Kommunikation, zu der auch grundsätzlich Social Media Anwendungen gehören, für den Kommunikationspartner nicht ersichtlich ist, mit wem er kommuniziert.[226] Jedoch ist Anonymität eher als Prinzip des „Web 1.0" als des Social Web zu verstehen. Denn im Social Web können virtuelle Gemeinschaften oftmals überhaupt erst

---

[223] Vgl. Schmidt 2009. S.74.
[224] Vgl. facebook.com: Erklärung der Rechte und Pflichten https://www.facebook.com/legal/terms (Abruf: 02.12.2011).
[225] Schmidt 2009. S.115.
[226] Gänzliche Anonymität ist jedoch vom technischen Aspekt nicht gegeben, da jeder Internetnutzer eine eindeutige IP Adresse besitzt, über die man seinem Anschluss zuordnen kann.

dadurch entstehen, dass Nutzer Informationen über sich veröffentlichen.[227] Immer wieder gibt es aber Fälle, bei denen Internetnutzer eine falsche Identität vorgeben. So erregte der Fall für Aufsehen, in dem sich zwei heterosexuelle Männer als lesbische Polit-Aktivistinnen ausgaben und darüber bloggten.[228] Eine authentische Präsentation der eigenen Person wird aber von anderen Nutzern gefordert und bedeutet, dass der Onlineauftritt mit der realweltlichen Identität übereinstimmt. Bei vielen Social Media Angeboten ist dies sogar eine Leiterwartung.[229] [230]

3.4.2.3. Beziehungsmanagement

Eine Trennlinie zwischen Identitätsmanagement und Beziehungsmanagement lässt sich nur schwer ziehen, da die *„Individualität eines Menschen in funktional differenzierten Gesellschaften aus seiner jeweils einzigartigen Kombination von Rollenbeziehungen"*[231] besteht. Unter Beziehungsmanagement ist der aktive Prozess des Aufbauens und des Aufrechterhaltens von Beziehungen zu verstehen. Dieser Prozess findet natürlich auch außerhalb sozialer Medien statt. Jedoch haben das Internet und Social Media den Beziehungsaufbau und die Beziehungspflege verändert. Denn Beziehungen innerhalb des Social Web sind nicht mehr von geschlossenen sozialen Gruppen wie der Familie oder einer räumliche Begrenzung abhängig.[232] Für den Nutzer ist die Zugehörigkeit zu solchen Gruppen ein wichtiger Faktor zur Orientierung und Meinungsbildung.[233] Ein Sender mit Kenntnis über die Gruppen kann seine Kommunikation thematisch auf einen speziellen Adressatenkreis anpassen.[234]

Die Wahl des Kanals, der für das Beziehungsmanagement verwendet wird, ist bei dem großen Repertoire, das zur Verfügung steht, situationsabhängig und richtet sich nach der Art und Weise der Beziehung. Allerdings geht damit das Problem einher, dass je nach Situation der richtige Kanal gewählt werden muss und auch die jeweiligen Normen und Regeln des Kanals richtig angewendet werden müssen.[235] Dieser Aspekt des Beziehungsmanagements stellt insbesondere diejenigen vor eine Herausforderung, die mit der Nutzung von sozialen Medien im allgemeinen oder mit speziellen Angebotsformen erst beginnen, da sie die geltenden Regeln erst erlernen müssen.

---

[227] Vgl. Einspänner. S.31.
[228] Kremp, Matthias: Hetero-Männer, Lesben-Phantasien. In: spiegel.de. 14.06.2011.
    http://www.spiegel.de/netzwelt/web/0,1518,768324,00.html (Abruf: 08.07.2011).
[229] Vgl. Schmidt.S.78f.
[230] Vgl. Einspänner. S.31.
[231] Schmidt 2009. S.84.
[232] Vgl. Schmidt 2009. S.86.
[233] Vgl. Pleil 2010. S.8.
[234] Vgl. Schmidt 2009. S.96f.
[235] Schmidt 2009. S.87.

Je nach Social Media Plattform gibt der Aufbau der Webseiten, ähnlich bei der Bestimmung der eigenen Person beim Identitätsmanagement, auch Vorgaben für das Beziehungsmanagement vor. So stehen aufgrund der Webseitenstruktur oftmals lediglich binär ausgedrückte Beziehungsformen wie "befreundet sein" oder „nicht befreundet sein" zur Verfügung. Dieser Umstand wird den komplexen Beziehungen der realen Welt, in der immer verschieden intensive Beziehungen existieren, nicht gerecht.[236] Eine Trennung zwischen realer und digitaler Welt ist nicht haltbar. Das liegt daran, dass vielfältige Verbindungen bestehen. So spiegeln Freundschaften in sozialen Netzwerken soziale Kontakte außerhalb des Netzes, und auch durch Social Media Kanäle verbreitete Nachrichten beziehen sich in den meisten Fällen auf Ereignisse aus dem realen Leben.[237]

3.4.3. Nutzertypologie

Auf Basis der verschiedenen Möglichkeiten, das Social Web zu nutzen, haben Gerhards, Klingler und Trump eine Typologie der Social Media Nutzer aufgestellt. Sie unterscheiden folgende sich teilweise überschneidende Gruppen:[238]

- **Produzenten** veröffentlichen in erste Linie Inhalte und sind stark vernetzt.

- **Selbstdarsteller** stellen in erster Linie die eigenen Person dar.

- **Spezifisch Interessierte** suchen Informationen zu speziellen Themen und vernetzen sich mit Gleichgesinnten.

- **Netzwerker** betreiben Kontaktaufnahme und Pflege.

- **Profilierte Nutzer** nutzen Social Media idealtypisch und nutzen sie zu Kontaktpflege und zur Veröffentlichung von Inhalten.

- **Kommunikatoren** betreiben kommunikativen Austausch über nicht spezifische Inhalte, ohne viel selber zu veröffentlichen.

- **Infosucher** sind rein betrachtend und suchen im Social Web Informationen.

- **Unterhaltungssucher** sind ebenfalls passiv und suchen Unterhaltung.

---

[236] Vgl. Schmidt 2009. S.89f.
[237] Vgl. Schmidt 2009. S.73.
[238] Vgl. Gerhards, Maria; Klingler, Walter; Trump, Thilo: Das Social Web aus Rezipientensicht: Motivation, Nutzung und Nutzertypen. In: Zerfaß, Ansgar; Welker, Martin;Schmidt, Jan (Hrsg.): Kommunikation, Partizipation und Wirkung im Social Web. Köln 2008. S.129ff.

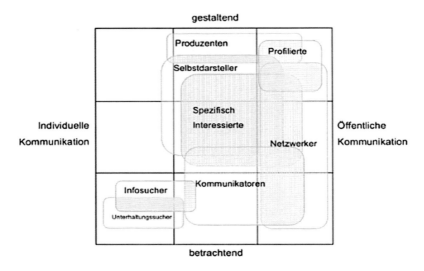

Abbildung 3. Typologie der Social Media Nutzer.[239]

3.5. Social Media in der PR

„It might seem as if the lunatics have taken over the asylum"[240] Überspitzt dargestellt, lässt sich so die Situation beschreiben, in der sich die PR befindet, seit es Social Media gibt. Der Social Media Nutzer kann Möglichkeiten des Rückkanals nutzen, was eine gänzlich neue Situation für die PR ist, da sie es nicht mehr mit Einwegkommunikation zu tun hat. Denn klassische PR-Instrumente unterscheiden sich von der Öffentlichkeitsarbeit im Internet allein schon dadurch, dass die PR nicht mehr der Vermittlung der Medien bedarf, um ihre Zielgruppen zu erreichen, wie es in der „Vorinternetzeit" die Regel war.[241] Im Internet als „Pull-Medium" kann der Nutzer selbst den Umfang und den Zeitpunkt bestimmen, wann er sich informieren will.[242] PR kann so verschiedene Zielgruppen flexibel ansprechen und einbinden.[243] Dabei sind manche Zielgruppen inzwischen bevorzugt oder nur noch über das Internet – dass inzwischen ein hohes Maß ihrer Realitätswahrnehmung ausmacht – erreichbar.[244]

Wesentlicher Unterschied zwischen klassischer PR im Internet und PR mittels Social Media ist, dass der Empfänger viel ernster genommen wird und dass es nicht mehr nur um

---

[239] Schillinger, Remo: Faszination Facebook: So fern und doch so nah. Hamburg 2010. S.21.
[240] Vgl. Brown, Rob: Public Relations and the social web. How to use social media and Web 2.0 in communications. London, Philadelphia 2009. S.20.
[241] Vgl. Arendt. S.18.
[242] Vgl. Freyer, Verena: Online-Kommunikation, In: Brömmlin. S.66f.
[243] Vgl. Freyer. S.65.
[244] Vgl. Pleil 2010. S.18.

Information – deren Erfolg schwer nachzuprüfen ist – sondern um Kommunikation geht. Sie ist erfolgreich, wenn der Empfänger antwortet, was wiederum dafür sorgt, dass der Absender sich auf einmal in der Rolle des Empfängers befindet.[245] Dies ist ein neue Situation für die PR.

Social Media ermöglicht Organisationen theoretisch den Austausch mit ihren Stakeholdern. Dies kann einerseits zu deren Bindung an das eigene Angebot führen, andererseits aber auch kontraproduktiv werden, wenn keine Bereitschaft zu echtem Austausch und zur Annahme von Kritik besteht. Denn so werden Erwartungen der Nutzer enttäuscht, die einen Dialog erwartet hätten.[246] Pleil leitet daraus als entscheidenden Erfolgsfaktor für Social Media PR ab, dass allgemeine Botschaften verkündet werden dürften und echte Bereitschaft zum Dialog bestehen muss.[247] Als weitere Faktoren identifiziert er die Transparenz der Organisation und Personalisierung.[248] In einer ebenfalls von Pleil aufgestellten Typologie der Online-PR entspräche eine solche PR dem Idealbild der „Cluetrain PR". Diese ist abgegrenzt von „Digitalisierter PR", die das Internet nur als weiteren Distributionskanal sieht und Informationen bereitstellt, und von „Internet-PR", die eine digitalisierte PR mit einem existierenden Rückkanal ist.[249]

	Digitalisierte PR	Internet-PR	Cluetrain-PR
Kommunikations-modell	monologisch	Monologisch (mit indirektem Rückkanal)	Dialogisch, netzwerkorientiert
Typische Elemente	Text, Bild	Kontaktformulare, Usability-Tests, Nutzerstatistiken	Web Monitoring, Social Software
Strategie/ Maßnahmen	Präsenez zeigen, Basisinformationen vermitteln	Durchsetzung von Interessen, ggf. Campaigning	Aufbau digitaler Reputation, Web als Handlungsraum, Personalisierung
Rolle des Nutzers	Rezipient	Rezipient mit begrenzten Handlungsmöglich-keiten, gelegentlicher Rückkanal	Kommunikations-partner, organisiert sich in Netzwerken
Rolle der Online PR	ausführend	kanalisierend	Herstellung von Offenheit
Hauptziel.	Information	Persuation	Verständigung

Tabelle 4: Drei Typen der Online-PR nach Pleil.[250]

---

[245] Vgl. Freyer. S.79.
[246] Vgl. Schmidt 2009. S.141.
[247] Vgl. Pleil 2010. S.15.
[248] Vgl. Pleil 2010. S.21f.
[249] Vgl. Pleil, Thomas: Online-PR zwischen digitalem Monolog und und vernetzter Kommunikation. In: Pleil, Thomas (Hrsg.): Online PR im Web 2.0. Konstanz 2007. S.16ff.
[250] Vgl. Pleil 2007 S.18.

Laut Schmidt entsteht auf der Social Media Nutzerseite langsam die Erkenntnis, dass das Erheben der eigenen Stimme eine Option ist, um *„durch kollektives Handeln auch Einfluss auf die Gestaltung der eigenen Kommunikationsräume nehmen"*[251] zu können. Diese Erwartung, dass Social Media Menschen, die bisher nicht an öffentlicher Kommunikation teilnehmen, dazu bewegen könnte, dies zu tun, sind aber übertrieben. Untersuchungen von Social Media Angeboten im politischen Bereich haben gezeigt, dass politikferne Menschen durch diese nicht zu engagierten Menschen werden Vielmehr lässt sich beobachten, dass es zu einem Verstärkungsprozess kommt. Wer schon vorher politisch interessiert und engagiert ist, nutzt auch Social Media und hat so weitere Handlungsoptionen.[252] Dieser Trend scheint sich in sozialen Netzwerken zu bestätigen, wo nur 9 Prozent der Nutzer auf Fanseiten kommentieren.[253] Die Situation wird von mehreren Studien belegt, die zeigen, dass zwar die technischen Möglichkeiten für eine verständigungsorientierte und symmetrische PR existieren, aber ihre Anwendung noch nicht durchgesetzt ist.[254] Es wäre allerdings falsch, aus der geringen Aktivität der der Nutzer daraus zu schließen, dass Social Media Einsatz in der PR nicht erfolgreich sein könnte. Denn wenn man die aktiven Nutzer als Multiplikator gewinnen kann, erreicht man so eine Verbreitung seiner Botschaft.[255] [256] In Social Media ist es Aufgabe der PR, die Positionen der Organisation nach außen zu tragen und gleichzeitig die Erwartungen der Stakeholder ins Innere der Organisation zu transportieren.[257] Durch diesen möglichen Einfluss hat Social Media die PR zwar verändert, aber ihre Grundaufgabe ist gleich. So ist es nach wie vor Aufgabe der PR, mit der die Öffentlichkeit zu sprechen.[258] Und gerade weil gilt, *„Je persönlicher die Botschaft, desto größer die Wirkung"*[259], bietet Social Media mit der Möglichkeit, persönliche Beziehungen aufzubauen und zu pflegen, ein enormes Potential,bBesonders für NPOs. Denn diese und Social Media teilen nach Freyer so viele Charakteristika, dass der Einsatz letzterer selbstverständlich seien sollte. Denn *„Bei beiden geht es um selbst organisierte und informelle Vernetzung, gesellschaftlichen Dialog und die Entwicklung eines gemeinsamen Selbstverständnisses."*[260] Aus den Beziehungen zu den im Social Web existierenden Öffentlichkeiten entsteht für die PR Sozialkapital, woraus man als Aufgabe

---

[251] Schmidt 2009. S.154.
[252] Vgl. Schmidt 2009. S.149.
[253] Vgl. Busemann; Gscheidle. S.366.
[254] Vgl. Röttger; Preusse, Schmitt. S.219.
[255] Vgl. Huber. S.12, 21f..
[256] Vgl. Pleil 2010. S.22.
[257] Vgl. Pleil 2010. S.18.
[258] Vgl. Brown. S.19.
[259] Ross. S.30.
[260] Freyer: S.78.

für die PR im Social Web das Beziehungsmanagement ableiten kann.[261] Als älteres Social Media Phänome, wurde oft der Einsatz von Blogs in der PR diskutiert. Corporate Blogs, also Unternehmensblogs, waren eine frühe Möglichkeit der dialogischen PR. Besonders CEO Blogs, also Blogs, in denen der Unternehmenschef, bloggte stellen nach Zerfaß eine Möglichkeit dar, sowohl interne Kommunikation als auch Public Relations nach außen zu betrieben.[262]

Genaue Zahlen, wie viele Organisationen in Deutschland Social Media nutzen gibt es nicht. Die Studie Social Media Governance 2011 von Zerfaß und Fink, bei der 596 PR-Verantwortliche aus dem deutschsprachigen Raum befragt wurden, zeigte, dass 7 von 10 Organisationen im Social Web aktiv sind.[263] Eine wesentliche Ursache dafür, dass eine Organisation nicht im Social Web aktiv ist, kann darin gesehen werden, dass ihre organisatorischen Aufstellungen der Kommunikationsfunktionen in erster Linie auf den Kontakt zu den Massenmedien ausgerichtet sind, nicht aber auf den direkten Kontakt zu ihren Stakeholdern.[264] Für Unternehmen hängt der Social Media Erfolg – wie eine Schweizer Studie zeigt – entscheidet davon ab, ob die Unternehmensführung involviert ist und ob eine wirkliche Strategie für den Social Media Einsatz besteht.[265] Ein solche Strategie ist zwar inzwischen in gut zwei Drittel der von Zerfaß befragten Organisationen vorhanden, aber ausgeprägte und weiter entwickelte Social Media Ordnungsrahmen bestehen im Großteil der Organisationen noch nicht.[266]

Was die verschiedenen Arten der Nutzung betrifft, zeigt die Zerfaß-Studie, dass eine eigene Facebookseite mit 53,4 Prozent die am häufigsten genutzte Social Media Anwendung ist. Einen eigenen Twitter- oder Youtube-Kanal wiesen knapp 40 Prozent auf. Social Media Einsatz für die interne Kommunikation und ein Monitoring der Themenlage findet hingegen nur in jeweils 25 Prozent der Organisationen statt.[267]

3.4.1. Vor- und Nachteile von Social Media in der PR

Der Einsatz von Social Media ist verhältnismäßig günstig, jedoch muss dafür Arbeitszeit investiert werden.[268] Dieser Punkt ist gerade für kleinere Organisationen von

---

[261] Vgl. Pleil 2010. S.19.
[262] Vgl. Zerfaß, Ansgar: Corporate Blogs: Einsatzmöglichkeiten und Herausforderungen. 2005. http://www.zerfass.de/CorporateBlogs-AZ-270105.pdf (Abruf: 20.02.2012). S.1ff.
[263] Vgl. Zerfaß, Fink, Linke. S.33.
[264] Vgl. Kolb, Georg: Vertrauen wächst im direkten Dialog – Zur Renaissance der Direktkommunikation im Zeitalter des Internets . In: Kayer, Böhm, Spiller (Hrsg.). S.63.
[265] Vgl. Namics: Social Media Studie 2011.Essenz. http://www.namics.com/social-media-studie/Namics-Social-Media-Studie-2011_Essenz_einseitig.pdf (Abruf: 30.11.2011).
[266] Vgl. Zerfaß, Fink, Linke 2011. S.49.
[267] Vgl. ebd. S.39.
[268] Gitomer, Jeffrey: Social Boom! How to Master Business Social Media. New Jersey 2011. S.3.

problematischer Natur, weil die Umsetzung von Social Media Maßnahmen wie jede PR-Aktivität von finanziellen und personellen Ressourcen abhängig ist.[269] Großer Vorteil für die PR ist, dass sie sich bei der externen Kommunikation den Umweg über Journalisten als Gatekeeper sparen kann und relevante Zielgruppen direkt ansprechen kann.[270] Nach Freyer lassen sich so jeweils fünf Vor- und Nachteile der Nutzung von Social Media für die PR aufstellen:[271]

Vorteile

1. Zielgenaue Ansprache der Zielgruppen

2. Generierung neuer Zielgruppen

3. Selbstverpflichtung zu kontinuierlicher und aktueller Information

4. Möglichkeit, zeitnah auf neueste Entwicklungen aufmerksam zu werden

5. Bessere Einbindung der Mitarbeiter in die Kommunikation

Nachteile

1. Forderung nach Relevanz der Inhalte

2. Zeitintensive Pflege[272]

3. Gefahr des Schadens der Online-Reputation

4. Druck durch Transparenz

5. Gefahr von destruktiven kritischen Stimmen

Von PR-Verantwortlichen werden tatsächlich der finanzielle und personelle Aufwand (76 Prozent), der mögliche Kontrollverlust (54,9 Prozent) und das Fehlen überzeugender Konzepte (51,9 Prozent) als größte Hemmnisse betrachtet.[273] Und in der Tat gibt es eine Fülle an Fällen, in denen PR-Maßnahmen im Social Web problematisch für die Auftraggeber wurden. So wurde ein Facebook-Designwettbewerb für Pril zum PR-Debakel oder Nestlé wurde Zielscheibe der Wut der Social Media Nutzer, als Greenpeace eine Kampagne gegen den Konzern startete.[274] [275] Die Angst bei PR Schaffenden vor dem Kontrollverlust durch den Einsatz sozialer Medien scheint also gerechtfertigt. Doch findet Kritik im Fall einer Krise ohnehin statt und die eigene Social Media Präsenz ermöglicht es, ein Ventil für Kritik zu schaffen, dieses zu kanalisieren, und vereinfacht so das Monitoring,

---

[269] Vgl. Freyer. S.66.

[270] Vgl. Huber. S65.

[271] Vgl. Freyer. S.81f.

[272] Andere Quellen betonen hingegen, Social Media sei vorteilhaft, weil es eben nicht zeitaufwendig sei Vgl. Akademie Bruderhilfe-Pax-Familienfürsorge (Hrsg.): Kirchliche Sinnangebote im Web 2.0. http://www.kirche-im-web20.de/Bruderhilfe-Web20-Studie-Langfassung.pdf (Abruf: 11.10.2011). S.3.

[273] Vgl. Zerfaß. S.6.

[274] Vgl. Breithut, Jörg: Pril-Wettbewerb endet im PR-Debakel. In: spiegel.de, 20.05.2011, http://www.spiegel.de/netzwelt/netzpolitik/0,1518,763808,00.html (Abruf: 11.10.2011).

[275] Vgl. Eck, Klaus: Greenpeace schockt Nestlé. In: PR-Blogger.de, 18.03.2010 http://pr-blogger.de/2010/03/18/greenpeace-vs-nestle/ (Abruf: 11.010.2011).

was es wiederum erleichtert, sich auf die eigentliche Krisenkommunikation zu konzentrieren,zumal die Reichweite einzelner Sozialer Medien sehr hoch ist und so die Chance besteht, die eigene Sicht der Dinge im Krisenfall schnell zu verbreiten.[276] [277] Gerade weil sich zeigt, dass Social Media zu Krisen führen kann, ist es verwunderlich, dass derzeit noch wenig Social Media Monitoring betrieben wird.[278] Jedoch wäre dies auch sehr zeitintensiv und gerade für kleinen Organisationen nicht zu leisten. Trotz der Verbreitung, die Social Media inzwischen hat, gehen laut der Studie von Zerfaß noch 38,9 Prozent der befragten PR-Verantwortlichen davon aus, dass bei den Nutzern ein zu geringes Interesse bestehe.[279] Bei ihnen selbst zeigt sich, dass sie Social Media mehr nutzen als die Gesamtbevölkerung und dass die eigene Kompetenz in diesem Bereich spürbar wächst, je länger sie eingesetzt werden.[280]

3.4.2. Verändertes Verhältnis von Journalismus und PR

Durch Social Media lassen sich die Journalisten als etablierte Gatekeeper umgehen und es besteht die Möglichkeit, sich direkt an das Publikum zu wenden.[281] So wird die alte Aufgabe der PR, die Journalisten zu beeinflussen, in den Hintergrund gedrängt durch die neue Herausforderung, die richtigen neuen Kanäle zu finden.[282] Social Media ist besonders interessant für die PR, da so auch ohne eigene Medien oder den Einsatz von Werbung eine Information direkt an die Öffentlichkeit gebracht werden kann. Allerdings haben sich auch die Regeln für PR verändert. Durch Social Media verlieren die Kommunikationen der PR die Kontrolle über die Kommunikation, denn für die Nutzer besteht die Möglichkeit der Partizipation.[283]

Für Journalisten sind das WWW und E-Mail etablierte Recherche- und Kommunikationsmittel.[284] Zwar ist das persönliche Gespräch in der journalistischen Recherche nach wie vor wichtig, aber wenn man bedenkt, wie Social Media die Internetkommunikation personalisieren kann, bieten sich hier Anknüpfungspunkte, um ebenfalls auf einer persönlicheren Ebene zu kommunizieren. Bedenkt man ferner, dass WWW und E-Mail vor 15 Jahren noch ein Randphänomen waren, ist durchaus möglich,

---

[276] Vgl. Florian, Daniel; Reoggenkamp, Klas: Noise vs. Influence? Werkzeuge für Digital-Public-Affairs-Strategie In: Digital Public Affairs. Social Media für Unternehmen, Verbände und Politik. Berlin 2010. S. 74f..
[277] Huber, Melanie: Kommunikation im Web 2.0.Konstanz 2008. S.125.
[278] Vgl. Zerfaß, Fink, Linke 2011. S.39ff.
[279] Vgl. Zerfaß, Fink, Linke 2011. S.22.
[280] Vgl. Zerfaß, Fink, Linke 2011. S.25ff.
[281] Vgl. Schmidt. S.114.
[282] Vgl. Brown. S.21.
[283] Vgl. Brown. S.14.
[284] Vgl. Rackwitz. S.84.

dass Social Media in naher Zukunft eine ähnlich wichtige Rollen spielen wird. Gerade bei jüngeren Internetnutzern ist diese Zeitenwende bereits eingetreten. So liegt bei jüngeren Internetnutzern die Kommunikation über private oder berufliche soziale Netzwerke inzwischen vor der Nutzung von E-Mails.[285]

Im Jahr 2008 ergab eine Internetumfrage unter 1180 Journalisten, dass 49 Prozent der Befragten täglich Social Media nutzten. Dabei waren Wikis, Blogs und RSS Feeds die beliebtesten Werkzeuge, während Fotoplattformen kaum genutzt wurden und Videoplattformen eher im Mittelfeld angesiedelt waren.[286] Von Social Media PR erwarteten die Journalisten weiterführende Links für die Recherche.[287] Bei den sozialen Netzwerken dominierte 2008 noch stark Xing mit einem Anteil von über 60 Prozent bei den befragten Journalisten, während der Anteil von Facebook unter 10 Prozent lag.[288] Die Gründe, auf die Verwendung von Social Media zu verzichten, waren in erster Linie mangelndes Vertrauen in unbekannte Autoren und Quellen, die Aufwändigkeit, diese zu prüfen, und das Fehlen journalistischer Standards.[289] Gerade weil letztere Probleme offizielle und professionelle Social Media PR nicht betreffen, dürfte für die PR die Möglichkeit bestehen, über Social Media auch Journalisten zu erreichen.

---

[285] Vgl. Busemann; Gscheidle. S.360.
[286] Vgl. vibrio. Kommunikationsmanagement Dr. Kausch GmbH : Das Nutzungsverhalten deutscher Journalisten bei Elementen des Web 2.0. Unterschleißheim 2008. S.10.
  http://www.vibrio.eu/ftp/oracle/Kurzbericht_Oracle-vibrio-Studie_Mai08.pdf (Abruf:22.12.2011).
[287] Vgl. vibrio. S.21.
[288] Vgl. vibrio. S.15.
[289] Vgl. vibrio. S.25f.

4. Die katholische Kirche

4.1. Die katholische Kirche in Deutschland

Insgesamt leben auf der Welt 1,1Milliarden Katholiken. In Deutschland stellen sie mit 24,6 Millionen 30,2 Prozent der Bevölkerung. Die Kirchenbindung fällt bei den deutschen Katholiken sehr unterschiedlich aus. Eine Allensbach-Umfrage ergab im Jahr 2009, dass sich 17 Prozent von ihnen als „gläubige Kirchennahe" bezeichnen, während 37 Prozent „kritische Kirchenverbundene" und fast 50 Prozent unsicher, distanziert oder nicht religiös sind. Den sonntäglichen Gottesdienst besuchen wöchentlich 3,1 Millionen Menschen.

Von ihrer Verwaltungsstruktur her ist die Kirche in 27 Bistümer aufgeteilt, deren Größe stark variiert. Die katholische Kirche ist in Deutschland ein großer Arbeitgeber. Sie fungiert als Träger vieler karitativer und sozialer Einrichtungen und beschäftigt über 650.000 hauptamtliche Mitarbeiter in ihren Institutionen und in den von ihr getragenen Einrichtungen. Daneben sind noch schätzungsweise über 600.000 Menschen ehrenamtlich für die katholische Kirche tätig. Die Zahl der Kirchenaustritte liegt seit 1990 jährlich bei über 100.000. Im Jahr 2010 waren es 181.193.[290] Dies steht im Zusammenhang mit einem extremen Vertrauensverlust in den vergangenen Jahren durch die Skandale der öffentlich gemachten sexuellen Missbräuche. Diese wurden über Jahre eher vertuscht als aufgeklärt oder der Öffentlichkeit bekannt gemacht.[291] Umfragen zeigen, dass Katholiken und Nichtkatholiken der Kirche kaum noch Vertrauenswürdigkeit bescheinigen.[292] [293] Beachtet man, dass Vertrauen (auch) durch gesamtgesellschaftliche Verantwortungsübernahme und aktive Informationspolitik entsteht, ist dieser Vertrauensverlust nicht weiter verwunderlich. Denn dass Missbrauch gerade im sozialen Bereich stattfand, hat das Vertrauen in die Kirche als Träger sozialer Einrichtungen beschädigt, und eine aktive Informationspolitik wurde in diesem Zusammenhang über Jahre nicht betrieben. Daneben spielt Religion im allgemeinen für immer weniger – vor allem junge – Menschen eine wichtige Rolle. So ist Gott laut Shell Jugendstudie 2010 nur noch 44 Prozent der katholischen Jugendlichen wichtig.[294] Als eine Reaktion auf den Vertrauensverlust, den die katholische Kirche in den

---

[290] Vgl. Sekretariat der Deutschen Bischofskonferenz: katholische Kirche in Deutschland. Zahlen und Fakten 2010/2011. S.6ff.

[291] Vgl. zeit.de: Kirche hat Missbrauch laut Gutachten systematisch vertuscht. http://www.zeit.de/gesellschaft/zeitgeschehen/2010-12/missbrauch-kirche-vertuschung (Abruf: 30.11.2011).

[292] Vgl. focus.de: Vertrauen in die katholische Kirche schwindet. 11.04.2010. http://www.focus.de/panorama/welt/missbrauchsskandal/missbrauchsskandal-vertrauen-in-die-katholische-kirche-schwindet_aid_497562.html (Abruf:26.11.2011)

[293] Vgl. spiegel.de Deutsche verlieren Vertrauen in katholische Kirche. http://www.spiegel.de/politik/deutschland/0,1518,680693,00.html (Abruf:26.11.2011).

[294] Vgl. Shell in Deutschland: 16. Shell Jugendstudie: Jugend trotzt der Finanz- und Wirtschaftskrise.

letzten Jahren erlebt hat, kann der auf der Herbst-Vollversammlung der DBK 2010 in Fulda ins Leben gerufene Dialog- und Gesprächsprozess gesehen werden. In diesem soll in den Bistümern und darüber hinaus einerseits das Verhältnis von Priestern und Laien, aber auch insgesamt das kirchliche Engagement in der heutigen Welt diskutiert werden.[295]

Von ihrer Struktur her kann man die Kirche als autoritär geführt bezeichnen. An ihrer Spitze steht der Papst. Er besitzt die Vollmacht sowohl in Fragen des Glaubens als auch in der Leitung der Kirche und auf niedriger Ebene der Bistümer. Somit steht er über den einzelnen Bischöfen und Gläubigen.[296] Wenn man die katholische Kirche nicht vom theologischen Standpunkt betrachtet, ist sie eine Organisation wie jede andere und möchte ihre Aufgaben optimal erfüllen.[297] Dabei ist Kirche nicht als wirtschaftliches Unternehmen, sondern als NPO zu betrachten, deren Dienstleistung ein immaterielles Wirtschaftsgut ist.[298] Die drei Organisationsziele, die sich wiederum aus dem theologischen Selbstverständnis ableiten, sind die Verkündigung des Evangeliums (Martyria), der gefeierte Glaube (Liturgia) und der karitativ-diakonische Bereich (Diakonia), die zusammen auf die Gemeinschaft ausgerichtet sind.[299] [300]

4.2. Die katholische Kirchen und die Medien

4.2.1. Kirchliche Dokumente über Medien

Es existieren verschiede Dokumente von Seiten der Kirchenleitung, die das grundsätzliche Verständnis von Medien[301] der Kirche ausdrücken. Auf diese soll hier kurz eingegangen werden.[302] Diese sind in der Regel theoretischer und ethischer Natur. Jedoch werden sie in der kirchlichen PR auch als Arbeitsgrundlage angesehen.[303] Weltkirchliche Relevanz haben

---

Hamburg; Berlin 2010.S.4. http://www-static.shell.com/static/deu/downloads/aboutshell/our_commitment/shell_youth_study/2010/youth_study_2010_press_release_140910.pdf (Abruf 7.12.2011).

[295] Vgl. dbk.de: Gesprächsprozess. http://www.dbk.de/themen/gespraechsprozess/ (Abruf.: 23.01.2012).

[296] Vgl. bistum-augsburg.de: Der Papst. http://www.bistum-augsburg.de/index.php/bistum/Hauptabteilung-VI/Glaube-und-Lehre/Glaubenslehre/Der-Papst (Abruf: 7.12.2011)

[297] Vgl. Kopper. S.14.

[298] Vgl. Kopper. S.43.

[299] Vgl. Wode, Christian: Communio 2.0 – Soziale Netzwerke im World Wide Web als Herausforderung für die Gemeindepastoral. Münster 2010. S.53ff.

[300] Vgl. Kooper. S.33ff.

[301] Um zu zeigen, dass Medien an sich ohne zwischenmenschliche Kommunikation bedeutungslos wären, spricht die katholische Kirche von ihnen seit dem 2. Vatikanischen Konzil als "Soziale Kommunikationsmittel" Vgl. Derenthal Brigitta: Medienverantwortung in christlicher Perspektive: Ein Beitrag zu einer praktisch-theologischen Medienethik. Berlin, Münster 2006. S.XVI..

[302] Für eine ausführlichere Untersuchung der Dokumente im Zusammenhang mit dem Social Web vgl. Wode. S.36ff.

[303] Vgl. Albers, Jens: Gott auf allen Kanälen. Die katholische Medienlandschaft in Deutschland. Eine Bestandsaufnahme. Münster 2010. S.78ff..

das während des 2. Vatikanischen Konzils entstandene Dekret „Inter mirifica"[304] (IM) aus dem Jahr 1963 sowie besonders „Communio et Progressio"[305] (CeP) von 1971 auch „Aetatis Novae"[306] (AN) von 1992. In Bezug auf das Internet ist noch die Schrift „Kirche und Internet" aus dem Jahr 2002 zu nennen. Ferner existieren die verschiedenen Päpstliche Botschaften zum Welttag der sozialen Kommunikationsmittel. Für die Kirche in Deutschland hat zudem die Erklärung „Chancen und Risiken der Mediengesellschaft"[307] (CuRdM) aus dem Jahr 1997, welche von der DBK und dem Rat der evangelischen Kirche in Deutschland herausgegeben wurde, eine große Bedeutung.

In IM werden die Medien noch nicht als Mittel des Dialogs betrachtet, sondern vielmehr als Werkzeug der Informationsverbreitung gesehen.[308] Laut CeP sind „*Gemeinschaft und Fortschritt der menschlichen Gesellschaft [...] die obersten Ziele sozialer Kommunikation und ihrer Instrumente*".[309] Nachdem IM noch wegen seiner hierarchischen Struktur und der geringen Beteiligung der Laien kritisiert wurde, ließ sich in CeP ein anderer Trend erkennen.[310] So wird CeP rückblickend als „*Markstein*" der kirchlichen Reflexion über Medien angesehen, der einen wirklichen Dialog ermögliche.[311] So erläutert CeP, dass die sozialen Kommunikationsmittel dazu beitragen, der Gesellschaft ein Forum für Gespräche zu bieten, und es auch Aufgabe der Kirchenleitungsstrukuren ist, den freien Meinungsäußerungsprozess und die Bildung von öffentlicher Meinung zu unterstützen.[312] CeP warnt aber auch davor über Medien „Propagand" in Form von Halbwahrheiten oder Vorurteilen zu verbreiten.[313] Ferner stellt CeP fest, dass Menschen in Medien Perfektion gewöhnt seien, weswegen ein niedriges Niveau nicht hinzunehmen sei und man sich

---

[304] Päpstliche Kommission für die Instrumente sozialer Kommunikationsmittel (Hrsg.):Inter mirifica. Dekret über die sozialen Kommunikationsmittel. Rom 1963.
http://www.vatican.va/archive/hist_councils/ii_vatican_council/documents/vat-ii_decree_19631204_inter-mirifica_ge.html (Abruf 15.10.2011).

[305] Päpstliche Kommission für die Instrumente sozialer Kommunikationsmittel (Hrsg.): Communio et progressio. Über die Instrumente der sozialen Kommuniktion. Rom 1971.
http://www.vatican.va/roman_curia/pontifical_councils/pccs/documents/rc_pc_pccs_doc_23051971_communio_ge.html (Abruf 15.10.2011).

[306] Päpstliche Kommission für die Instrumente sozialer Kommunikationsmittel (Hrsg.): Aetatis Novae. Pastoralinstruktion zur sozialen Kommunikation zwanzig Jahre nach Communio et Progressio. Rom 1992. http://www.kamp-erfurt.de/level9_cms/download_user/Internetseelsorge/Grundlagentexte/1992-Aetatis_Novae.pdf (Abruf 15.10.2011).

[307] Katholische Deutschen Bischofskonferenz und Rat der Evangelischen Kirche in Deutschland: Chancen und Risiken der Mediengesellschaft. 1997.
http://www.dbk.de/fileadmin/redaktion/veroeffentlichungen/gem-texte/GT_10.pdf (Abruf: 16.10.2011)

[308] Vgl. Derenthal: S.183.

[309] CeP 1.

[310] Vgl. Albers. D.36.

[311] Vgl. Mödl, Ludwig: „Wenn das Wort unter die Marktschreier fällt..." – Verkündigungssendungen im Hörfunk. In: Zentralstelle Medien der Deutschen Bischofskonferenz (Hrsg.): Glaubenswort – Quotenmord? Vom Anspruch der Kirchen auf Verkündigung im Hörfunk. Bonn 2000. S11f.

[312] Vgl. CeP 25f.

[313] Vgl. CeP 30.

Darstellungsformen der Medien angleichen und deren Qualität erreichen müsse.[314] Im Gegensatz zu CeP wurde AN als weniger liberal kritisiert, da bspw. innerkirchliche Meinungsäußerung unter Zuhilfenahme kirchenrechtlicher Grundlagen eingeschränkt wird.[315]

4.2.2. Die kirchliche Medienlandschaft

Was die katholische Kirche unter anderem von anderen großen Mitgliederorganisationen unterscheidet, ist die Menge an eigenen Medien und die intensive Medienarbeit. Denn die Botschaft der Kirche richtet sich nach eigenem Selbstverständnis nicht ausschließlich an Katholiken, sondern soll der gesamten Welt zugänglich sein.[316] [317] Albers kam in seiner nicht repräsentativen Untersuchung aus dem Jahr 2010 zu dem Ergebnis, dass sich als Gemeinsamkeit der katholischen Medienangebote *„die primäre Ausrichtung auf die allgemeine Lese-, bzw. Hörer- und Zuschauerschaft benennen"*[318] lasse. Dies ist durchaus logisch. Denn inzwischen informieren sich Katholiken vor allem auf Basis der Massenmedien über kirchliche Themen und nicht über kircheneigene Medien.[319] Ferner zeigte sich in Albers Untersuchung, dass es in der kirchlichen Medienlandschaft schwierig ist, Journalismus von PR zu trennen. So geschieht kirchlicher Journalismus klar im kirchlichen Auftrag und Akteure kirchlicher Medien sehen ihre Arbeit teilweise als PR für die Kirche, die sowohl interne als auch externe Kommunikation umfasst.[320]

In der Berichterstattung der säkularen Presse spielen Kirchen und religiöse Vereinigungen nur eine geringe Rolle. Laut einer Studie behandelten in den Jahren 2003 und 2004 nur ein Achtel der Berichte über zivilgesellschaftliche Themen kirchliche Belange.[321] Dabei ist es für die Kirche eigentlich zentral, über die Medien ihre eigenen Botschaften und Meinungen versenden zu können. Diese spielen aber in einer demokratisch pluralistischen Gesellschaft für die Medien keine herausragende Rolle mehr.[322]

Im Bereich Presse existieren neben einer Vielzahl anderer kirchlicher Printerzeugnisse[323] die Bistumszeitungen als zentrales Presseorgan einzelner Bistümer. Diese haben in den

---

[314] Vgl. CeP. 11,28f.
[315] Vgl. Albers. S.37.
[316] Kopper. S.92.
[317] Vgl. Albers. S.53.
[318] Albers. S.54.
[319] Vgl. Köcher, Renate: Probleme und Chancen religiöser Kommunikation. Ergebnisse aus Allensbacher Langzeituntersuchungen. In: Communicatio Socialis. 33(2000)3. S.276ff.
[320] Vgl. Albers. S.69ff, S.87, S.103.
[321] Vgl. Brömmling. S.159.
[322] Vgl. Arnold, Klaus: Drei Bischöfe im Fokus der Medien. Publizistische Konflikte und Skandale 2007. In: Communicatio Socialis. 41(2008)4. S.396.
[323] Vgl. katholischer Medienverband: Die Katholische Presse im Überblick. http://www.katholischer-

letzten Jahren aber mit sinkenden Auflagen zu kämpfen. Lag die Auflage der Bistumspresse 1995 noch bei 1.260.000, ist sie im Jahr 2009 auf 703.000 gesunken.[324] Die sinkenden Auflagenzahlen sorgen dafür, dass in der Bistumspresse neue Kooperationen eingegangen werden. Hierin zeigen sich teilweise die Verflechtungen zwischen Bistum bzw. dessen PR und den Zeitungen. So ist der Pressesprecher des Erzbistums Köln gleichzeitig Chefredakteur der Kirchenzeitung und in Würzburg und Trier sind die Redaktionen nicht Angestellte eines kirchlichen Verlags, sondern direkt die des Bistums.[325] Paderborn hat einen anderen Weg eingeschlagen und die Redaktion seiner eigenen Bistumszeitung „Der Dom" aufgegeben und lässt den Inhalt nun von der KNA produzieren.[326] Betrachtet man die Leserschaft der Bistumspresse, so besteht diese größtenteils aus Menschen des bürgerlichen, traditionellen und wertkonservativen Sinus-Milieus, hat ein gehobenes Alter und interessiert sich stark für lokale Themen und Pfarrnachrichten.[327] Für dieses Klientel hat das Internetangebot quasi keine Bedeutung. Laut einer Studie war 93 Prozent der Leser der Aachener Bistumszeitung deren Internetangebot unbekannt.[328] Der „Rheinische Merkur" als Wochenzeitung im Besitz der deutschen (bzw. größtenteils nordrheinwestfälischen) Bistümer wurde 2010 aus ökonomischen Gründen eingestellt und existiert nur noch als Beilage zur Wochenzeitung „Die Zeit".[329] Neben dem Bereich Print ist die katholische Kirche auch im Rundfunk sehr aktiv. Sie arbeitet neben anderen gesellschaftlich relevanten Gruppen in Rundfunkräten der öffentlich rechtlichen Sender und den für das private Fernsehen zuständigen Landesmedienanstalten der jeweiligen Bundesländer mit. Durch das „Drittsendungsrecht" hat die katholische Kirche (wie auch die evangelische und die jüdische Gemeinde), das Privileg, dass ihr auf *„Wunsch angemessene Sendezeiten zur Übertragung religiöser Sendungen einzuräumen"*[330] sind.[331] Die Rundfunkarbeit der Kirche steht auf zwei Säulen. Einerseits wurden an der Programmgestaltung der Sender beteiligte Kirchenredaktionen und andererseits zur externen Beeinflussung

---

medienverband.de/zeitschriftenuebersicht/index.htm (Abruf: 17.11.2011).

[324] Vgl. Klenk, Christian: Letzte Chancen für die Bistumspresse. Die Auflage schrumpft stetig, doch bei der Suche nach Lösungen herrscht Uneinigkeit. In: Communicatio Socialis. 43(2010)1, S.5.

[325] Vgl. ebd. S.26.

[326] Vgl. ebd. S.18.

[327] Vgl. ebd. S.11f.

[328] Vgl. ebd. S.22.

[329] Vgl. Klenk, Christian: Plötzlich, aber nicht unerwartet. Der „Rheinische Merkur" schrumpft zu einer Beilage der „Zeit". In: Communicatio Socialis. 43(2010)4. S.389ff.

[330] Landesanstalt für Kommunikation Baden-Württemberg (Hrsg.): Staatsvertrag für Rundfunk und Telemedien. Stuttgart 2009. §41/1. http://www.lfk.de/fileadmin/media/recht/12_RStV_Juni09.pdf (Abruf: 25.10.2011)

[331] Vgl. ebenfalls: Deutsche Welle (Hrsg.): Deutsche-Welle-Gesetz. Bonn 2004. §17. http://www.dw-world.de/popups/popup_pdf/0,,1275486,00.pdf (Abruf:25.10.2011).

Rundfunkstellen geschaffen. Aktive Mitarbeit gibt es in Form von Eigenproduktionen durch Koordination und Beratung externer Sendungen. Inhaltlich lassen sich Verkündigungssendungen von journalistischer Berichterstattung über kirchliche Themen unterscheiden.[332] Im Bereich Fernsehen existiert koordinierend die katholische Fernseharbeit, als Einrichtung der DBK, die zuständig ist für das ZDF (samt KiKA,Phoenix und 3sat), die RTL-Gruppe und die ProSiebenSAT.1 Media AG.[333]

In der katholischen Radiolandschaft existiert neben dem durch Spenden finanzierten Radio Horeb das Domradio des Erzbistums Köln als der einzige katholische Radiosender mit terrestrischer Ausstrahlung und Vollprogramm in Deutschland. Radio Vatikan sendet nur einige Minuten am Tag auf Deutsch. Daneben existieren aber verschiedene Formate im Internet.[334] Kircheneigene Radiosender haben in der Regel einen relativ geringen Bekanntheitsgrad.[335] Im Fernsehbereich gibt es im Gegensatz zum Radio vor allem aus Kostengründen keinen kircheneigenen Sender.[336] Allerdings werden durch die kostengünstigeren Produktionsmöglichkeiten des Internets inzwischen auch Videos oder Livestreams im Internet bspw. auf domradio.de angeboten.

Als eigene katholische Nachrichtenagentur existiert die KNA. Die 1952 gegründete Agentur berichtet als katholische Fachagentur über die katholische Kirche, andere Konfessionen und religiöse Themen. Mit 70 Festangestellten und ca. 350 freien Mitarbeitern erreicht sie nach eigenen Angaben, 60 Prozent der deutschen Tageszeitungsauflage. Mehrheitsgesellschafter sind die Bistümer über den Verband der Diözesen Deutschlands.[337]

Von Vertretern aus der kirchlichen Medienlandschaft wird das Internet durchaus als Möglichkeit gesehen, dem Negativtrend kirchlicher Medien entgegenzutreten.[338] Als offizielle Internetseite der katholischen Kirche im Auftrag der DBK existiert katholisch.de.[339] Daneben existieren bspw. offizielle Webseiten wie die der DBK und die der Bistümer. In ihrer Untersuchung kirchlicher Webseiten und der Befragung ihrer Nutzer kam Kopper 2007 zu dem Ergebnis, dass die Webseiten der Bistümer von 72,3 Prozent der

---

[332] Vgl. Albers. S.46.
[333] Vgl. Kirche.tv: Katholische Fernseharbeit. http://kirche.tv/Default.aspx?tabid=161 (Abruf.25.11.2011).
[334] Vgl. Müller, Matthias: Christliche Audio-Angebote im Internet. In: Medienheft 6.April 2001.
   http://www.medienheft.ch/kritik/bibliothek/k16_MuellerMatthias.pdf (Abruf: 30.11.2011).
[335] Vgl. Kopper. S.94.
[336] Gilles, Beate: Durch das Auge der Kamera: eine liturgie-theologische Untersuchung zur Übertragung von Gottesdiensten im Fernsehen. Münster u.a. 2000. S.54.
[337] Vgl. kna.de: Über die KNA als Fachagentur. http://www.kna.de/ueberkna/ueberkna.html (Abruf:23.11.2011).
[338] Vgl. Albers. S.99.
[339] Vgl. katholisch.de: Impressum http://www.katholisch.de/18372.html (Abruf.01.12..2011).

Befragten genutzt wurden.[340] Laut einer anderen Studie nutzen 38 Prozent der Nutzer, die religiöse Inhalte suchen, die Bistumswebseiten dafür.[341]

Innerhalb der Medien betreiben die Kirchen[342] Verkündigung, also die Verkündigung des christlichen Glaubens. Dabei lässt sich unterscheiden zwischen der direkten Verkündigung durch einen Geistlichen, der z.B. den Rundfunk nutzt zur medienvermittelten Form einer Predigt, und der indirekten Verkündigung. Letztere umfasst die Berichterstattung und das wohlwollende Reden über Glaubensinhalte, Gott und die direkte Verkündigung. Sie kann auch durch Laien ausgeübt werden. [343]

4.3. Die katholische Kirche und Social Media

Nach Kirche und Internet (KuI) hat die Kirche eine prinzipiell positive Haltung gegenüber Medien und sieht so auch im Internet ein *„Geschenk Gottes"*[344]. Ein gewisse Skepsis gegenüber dem Internet wird aber deutlich, wenn es dort heißt, dass die Welt des Internets *„bisweilen gegen die christliche Botschaft eingestellt zu sein scheint"*[345]. Aus KuI wird deutlich, dass die Kirche Internet in erster Linie als Mittel zur Verkündigung betrachtet. Neben diesen Überlegungen eher theologischer Natur zeigt sich aber auch ein Gespür für Kommunikationswirklichkeit. So werden ebenfalls Möglichkeiten der Internetnutzung zur Informationsverbreitung und zum Einsatz in Verwaltung und Leitung gesehen, sowie die Möglichkeiten, die sich aus der Interaktivität des Internet in der internen Kommunikation ergeben.[346] Gerade Personen mit Leitungsaufgaben in der Kirche sind laut KuI dazu verpflichtet das Internet zu verstehen und zu gebrauchen.[347]

Auch CuRdM erklärt: *„Die Kirchen und ihre Einrichtungen müssen ihre eigene Medienarbeit verbessern und den technischen Entwicklungen sowie den sozialen Anforderungen anpassen, damit sie die Chancen der Mediengesellschaft nutzen und deren Risiken vermindern können."*[348]

Betrachtet man andere offizielle Verlautbarungen des Päpstlichen Rates für die sozialen Kommunikationsmittel, so zeigt sich ein guter Ausgangspunkt für die Nutzung von Social

---

[340] Vgl. Kopper. S.187.
[341] Vgl. Akademie Bruderhilfe-Pax-Familienfürsorge. S.7.
[342] Die katholische, ebenso wie die evangelische Kirche.
[343] Vgl. Herbig, Nicola: Kirche oder Kommerz?: Analyse der publizistischen Funktion evangelischer Privatfunkredaktionen im Schnittpunkt der Systeme Religion, Massenkommunikation und Wirtschaft in der BRD. Münster 1999. S.102.
[344] Päpstlicher Rat für die sozialen Kommunikatiosnmittel (Hrsg.): Kirche und Internet. Rom 2002, I.1.ff. http://www.vatican.va/roman_curia/pontifical_councils/pccs/documents/rc_pc_pccs_doc_20020228_chur ch-internet_ge.html (Abruf: 21.10.2011).
[345] Ebd. I.4.
[346] Vgl. ebd. II.5.ff
[347] Vgl. ebd. III.11.
[348] CuRdM. S.59.

Media. So erklärt auch der päpstliche Rat für soziale Kommunikationsmittel das Medienverständnis der katholischen Kirche folgendermaßen: *„Der Mensch und die Gemeinschaft der Menschen sind Ziel und Maßstab für den Umgang mit den Medien. Kommunikation sollte von Mensch zu Mensch [...] erfolgen.*"[349] Und auch die DBK erkannte bereits 1997, dass das Internet sich zur dialogischen Kommunikation eigne, und zeigt in seinem medienethischen Impulspapier ein sehr gutes Verständnis für den Wandel im Internet.[350] [351] Jedoch warnt die DBK ausdrücklich davor, dass öffentliche Kommunikation an der Stelle der privaten trete.[352] Dieser Fall ist eher unwahrscheinlich, denn *„es kommt nicht zu einer Ersetzung des realen zwischenmenschlichen Umgangs durch den virtuellen Umgang, sondern zu einer Ergänzung.*"[353] Als positive Seite des Internets stellte die DBK fest, dass der kommunikative Austausch kleiner Teilöffentlichkeiten – auch unabhängig von Entfernungen – möglich sei.[354] Direkt und ausführlich ging auch Papst Benedikt XVI. in seiner Botschaft zum 44. Welttag der sozialen Kommunikationsmittel auf Social Media ein. Darin ermutigt er besonders Priester ausdrücklich, sich neuer Medien zu bedienen.[355]

Auch auf höherer Ebene als der der einzelnen Bistümer wurde die Bedeutung von Social Media inzwischen erkannt. So betonte Vatikansprecher Frederico Lombardi auf dem Medienkongress „Katholische Presse im Digitalen Zeitalter" im Vatikan im Jahr 2010, dass neue technische Entwicklungen, wie unabhängige Blogs, sich auf die Kommunikationsstrategie des Vatikans auswirkten, und betonte die Bedeutung der Glaubwürdigkeit eines Kommunikators. Ferner unterstrich er dort auch die Bedeutung von transparenter Kommunikation, professioneller Medienarbeit und der Vernetzung des Vatikans mit den Pressesprechern der Bistümer, besonders im Falle von Kommunikationskrisen in einer beschleunigten digitalen Medienwelt.[356] Andererseits befürchtete der Präsident des Päpstlichen Rates für Kommunikation, Erzbischof Celli, das Fehlen von Sachlichkeit und die Gefahr einer Polarisierung in der Blogosphäre.[357] Im

---

[349] Vgl. Päpstlicher Rat für die sozialen Kommunikationsmittel (Hrsg.): Ethik in der sozialen Kommunikation. Rom 2005. S.5.
[350] Vgl. Die Deutschen Bischöfe. Publizistische Kommission. S.6ff.
[351] Vgl. Katholische Deutsche Bischofskonferenz und Rat der Evangelischen Kirche in Deutschland. S.24.
[352] Vgl. ebd. S.37.
[353] Akademie Bruderhilfe-Pax-Familienfürsorge. S.3.
[354] Vgl. Katholische Deutsche Bischofskonferenz und Rat der Evangelischen Kirche in Deutschland. S.24.
[355] Papst Benedikt XVI: Botschaft zum 44. Welttag der der sozialen Kommunikationsmittel. Der Priester und die Seelsorger in der digitalen Welt - die neuen Medien im Dienst des Wortes. Rom 2010. http://www.vatican.va/holy_father/benedict_xvi/messages/communications/documents/hf_ben-xvi_mes_20100124_44th-world-communications-day_ge.html (Abruf: 17.10.2011).
[356] Vgl. Stenert, Ute; Ostermann, Gunda: Katholische Presse in der digitalen Welt. Medienkongress im Vatikan diskutiert Herausforderungen. In: Communicatio Socialis. 43(2010)4. S.437.
[357] Vgl. Stenert; Ostermann. S.441.

Kontext mit Social Media unterstreicht die DBK die Bedeutung von Authentizität. *„Verantwortung für Authentizität bedeutet die eigene Verpflichtung auf Wahrheit und Wahrhaftigkeit im Verhältnis des Menschen zu sich selbst, im Verhältnis zu Anderen und im Verhältnis zur Welt und Umwelt."*[358] Dieser Wunsch nach Wahrheit und Wahrhaftigkeit in Social Media wäre durchaus ein Ausgangspunkt für eine VÖA, wie sie Burkart skizziert.

Aus den verschiedenen Aussagen von verantwortlichen Personen aus der Kirchenleitung kann man durchaus eine Verständnis für Social Media erkennen. Jedoch sind den Ankündigungen nicht unbedingt Taten gefolgt. So stellte Wode fest, dass bspw. auf Facebook besonders aktive kirchliche Gruppen, in denen eine rege Diskussion herrscht, Privatinitiativen sind.[359] So werden Chancen vergeben. Denn wird die Beziehung frühzeitig aufgebaut, besteht in einem eventuellen Krisenfall, in dem Dialog gefordert wird, die Chance, Kommunikation über die etablierten eigenen Kanäle zu ermöglichen. Die Strukturen und Möglichkeiten (z.B. Weiterleitungen) des Social Web können in Krisenfall dafür sorgen, dass der Radius potentieller Empfänger von Nachrichten sich vervielfacht. Dieser Effekt ermöglicht es der Kirche auch außerhalb einer Krise, mit selbst gesetzten Themen präsent zu sein und nicht, wie oftmals in den Massenmedien, mit negativen oder konfliktträchtigen.[360]

Kopper kam in ihrer Untersuchung zu dem Ergebnis, dass kirchliche Webseiten nicht zum Dialog oder zur Beteiligung verwendet werden und dass der Beziehungsaspekt vernachlässigt wird.[361] Dabei wird gerade der Dialog und die personale Kommunikation immer wieder gefordert.[362] [363] Hier verschenken die kirchlichen Seiten Potential. So zeigte Kopper, dass die Nutzer kirchlicher Webseiten sich Formen des Dialogs wünschen. Dabei stand bei 47,4 Prozent der Befragten dss aus heutiger Sicht fast schon antiquarisch wirkende Gästebuch hoch im Kurs.[364] Auch laut Studie der Pax Bruderhilfe wünschen sich 44 Prozent der Nutzer mehr Beteiligungsmöglichkeiten.[365] Als mögliche Erklärung für das Fehlen von Dialogfunktionen auf den kirchlichen Webseiten führt Kopper an, dass entweder der Personalaufwand für die Pflege zu hoch sei oder der der Kirche oftmals

---

[358] Die Deutschen Bischöfe. Publizistische Kommission. Virtualität und Inszenierung. Unterwegs in der digitalen Mediengesellschaft – Ein medienethisches Impulspapier. Bonn 2011. S.55.
[359] Vgl. Wode. S.80.
[360] Vgl. ebd. S.3.
[361] Vgl. Kopper. S.168.
[362] Vgl. Jacobi, Peter: Medien – Religion – Kirche. Überlegungen zur religiösen Kommunikation. In: Zentralstelle Medien der Deutschen Bischofskonferenz (Hrsg.): Medien, Religion, Kirche: Sonderheft zum Mediensonntag 2000. Bonn 2000. S.15.
[363] Vgl. Kopp, Matthias: Öffentlichkeitsarbeit vor Ort. Pfarrbrief und Pfarrgemeinde. In: Zentralstelle Medien der Deutschen Bischofskonferenz (2010). S.63.
[364] Vgl. Kopper. S.180.
[365] Vgl. Akademie Bruderhilfe-Pax-Familienfürsorge. S.7.

vorgeworfene Mangel an Dialogbereitschaft hier den Ausschlag gebe.[366] Bei der Nutzung von kirchlichen Angeboten im Internet zeigt sich, dass dort Nutzer, die sich generell für kirchliche Belange interessieren (besonders ehren- und hauptamtliche Mitarbeiter der Kirche), sich zusätzlich auch über das Internet informieren, während Menschen, die auch von anderen kirchlichen Medien nicht angesprochen werden, auch über das Internet nicht erreicht werden.[367] Hier besteht ein Zusammenhang dazu, dass es in kirchlichen Social Media Angeboten relativ wenige Kommentare und die wenigsten davon negativ sind.[368] Denn es ist anzunehmen, dass Menschen mit kirchlicher Bindung aus Loyalität davor zurückschrecken, die Kirche öffentlich auf einer Social Media Plattform zu kritisieren. Erreichbar sind diese kircheninteressierten Nutzer in der Breite eher über Präsenz in säkularen Social Media Plattformen als über eigene Angebote. In einem sozialen Netzwerk, in dem der Nutzer eh angemeldet ist, scheint die Hemmschwelle bspw. einer kirchlichen Gruppe beizutreten geringer, zu sein, als sich bei einem neuen Angebot zu registrieren.[369] So existieren zwar auch kirchliche Social Media Plattformen wie die Messdiener-Community Co-mini-ty, jedoch findet hier trotz hoher Anmeldezahlen wenig Aktivität statt.[370]

Hertl konstatiert, dass die Kirche, wenn sie sich als Instrument der Evangeliumsverbreitung sehe, in den verschiedenen Funktionen sozialer Medien eine wesentliche Rolle spiele, und folgert daraus, dass die Kirche eigentlich sehr aktiv an virtueller sozialer Kommunikation teilnehmen müsse.[371] Er betont, das gerade die Amtskirche und deren Repräsentanten sehr stark am kommunikativen Austausch, wie er durch Social Media ermöglicht werde, interessiert sein müssten.[372] Dabei widerspricht das kommunikative „bottom up" Prinzip des Social Web eigentlich der kirchlichen „Top Down" Hierarchie.[373] Jedoch zeigt die katholische Kirche im Ausland, dass dies kein Hemmnis sein muss. So führen auf den Philippinen seit Jahren mehrere Bischöfe Blogs und waren so erfolgreich, dass sich die Zahl der bloggenden Bischöfe von 3 auf 10 erhöht hat.[374] Auch im deutschen Sprachraum gibt es solche Positivbeispiele von Geistlichen in

---

[366] Vgl. Kopper. S.204.
[367] Vgl. Büsch. S.18.
[368] Vgl. Akademie Bruderhilfe-Pax-Familienfürsorge. S.19, 24, 59.
[369] Vgl. ebd. S.36f.
[370] Vgl. Wode. S.99.
[371] Vgl. Hertl, Michael: Identität, Authentizität und Gemeinschaft: Warum Social Communities und Religion etwas gemeinsam haben. In: Communicatio Socialis. 43(2010)2. S.168f.
[372] Vgl. Hertl. S.170.
[373] Vgl. Wode. S.94.
[374] Vgl. Akademie Bruderhilfe-Pax-Familienfürsorge. S.58.

Führungspositionen, die Social Media nutzen. So nutzt der Abt des Schweizer Klosters Einsiedeln Twitter und hat dort fast 4000 Follower.[375]

4.4. Katholische Kirche und PR

4.4.1. Besonderheiten kirchlicher PR

Die katholische Kirche lässt sich als soziokulturelle NPO verstehen, deren Fokus auf gemeinsamen Aktivitäten und den geteilten religiösen und gesellschaftlichen Interessen der Mitglieder besteht.[376] Für die PR von Kirchen gelten sehr spezielle Rahmenbedingungen.[377] Diese sind einerseits in ihrer historisch gewachsenen Struktur begründet, die sie von anderen Organisationen unterscheidet. Ferner stellt sie an ihre eigene PR hohe, aus dem religiösen Selbstverständnis entstehende normative Ansprüche. So wird PR offiziell vor dem Hintergrund der Verkündigung gesehen, auch wenn die katholische Kirche nur noch ein „Anbieter" in einem vielschichtigen Wertesystem ist.[378] [379] [380] [381] Auch wird PR eine gemeindebildende Kraft zugesprochen.[382] Ferner soll sie *„im Unterschied zu säkularen Informationsangeboten Verständigungs-angebote, darüber [...] machen, was für das Miteinander von Menschen gelten soll"*[383] Jenseits von diesen Bekundungen lässt sich annehmen, dass für die PR der katholischen Kirche ihre autoritäre Struktur eine Rolle spielt. Denn autoritäre Organisationsstrukturen erschweren eine symmetrische Kommunikation durch Konservativismus, Ablehnen von Veränderung, Elitedenken (die Organisation weiß besser Bescheid als ihre Umwelt), ein System, das Information nicht von außen nach innen lässt, und eine zentralistische Autoritätskultur.[384]

Noch 1982 galt, dass die katholische Kirche eine gewisse Zurückhaltung beim Einsatz von PR zeige, eher defensiv agiere und dass es wenige organisatorisch-praktikable Trennungen für verschiedene Aufgaben auf Bistumsebene gebe und dass durch die föderale Struktur der Kirche eine effiziente PR erschwert werde.[385] Auch heute ist das Problem mangelnder Absprache auf nationaler und Bistumsebene nicht gelöst und jedes Bistum verwendet ein

---

[375] Vgl. zeit.de: Der digitale Abt. http://www.zeit.de/digital/internet/2011-08/twitter-abt-einsiedeln 18.08.2011. (Abruf:19.12.2011).
[376] Vgl. Reto Famos, Cla: Kirche zwischen Auftrag und Bedürfnis. Münster 2005. S.184.
[377] Vgl. Brömmling. S.159.
[378] Vgl. Böntert, Stefan: Verkündet es von den Dächern. Neue Medien und Pfarrgemeinde. Stuttgart 2002.S.20ff.
[379] Vgl. Stabsabteilung Medien des Erzbistums Köln. S.9.
[380] Vgl. Hammerschmidt, Rudolf: Öffentlichkeitsarbeit der katholischen Kirche. In: Haedrich; Barthenheier; Kleinert. S.395.
[381] Vgl. Albers. S.70. 74ff.
[382] Vgl. Böntert. S.26.
[383] Verst, Ludger: Medienpastoral. Bericht über ein Projekt. Kevelaer 2003. S.16.
[384] Vgl. Köhler. S.125.
[385] Vgl. Hammerschmidt. S395ff..

anderes System in seiner Presse- und Medienarbeit.[386] Inzwischen sind einzelne Bistümer durchaus professionalisierter und kampagnenfähig. Inwieweit kampagnenartig und professionell kirchliche PR arbeiten kann, zeigte sich bei der Aktion „Pro Reli" im Jahr 2009, als es um die Wahlfreiheit zwischen Religions- und Ethikunterricht ging. Diese Aktion war aber nicht von Erfolg gekrönt und lässt vermuten, dass die Öffentlichkeit eine andere Herangehensweise von der Kirche erwartet hätte.[387]

In der Praxis soll heute laut einem PR-Leitfaden des Erzbistums Köln Ziel von kirchlicher PR die Bildung von dauerhaftem Vertrauen in Kirche und handelnde Personen sein. Dies soll weniger durch einseitige Information erreicht werden als vielmehr durch die in den verschiedenen kirchlichen Dokumenten (s.o.) oft erwähnte dialogische Kommunikation.[388] Ferner mahnt der Leitfaden an, im Krisenfall aktiv, transparent, offen und ehrlich zu kommunizieren und das taktische Zurückhalten von Information zu vermeiden.[389]

Einen Überblick über kirchliche PR liefert der Theologie Becker-Huberti, der auch Stabsabteilungsleiter „Presse und Öffentlichkeitsarbeit" im Generalvikariat des Erzbistums Köln und dessen Pressesprecher war. Demnach sind Grundvoraussetzungen für kirchliche PR der Verzicht auf Manipulation und die Verbreitung von Unwahrheiten sowie Transparenz bei Auswahl der PR-Instrumente. Hervorzuhebende Ziele sind: Herstellung von Öffentlichkeit nach außen (Zielgruppe: Journalisten, Meinungsbildner, sowie Katholiken, Christen und auch die gesamte Gesellschaft) und nach Innen (Zielgruppe: haupt- und ehrenamtliche Mitarbeiter); Teilnehmen an gesamtgesellschaftlicher Kommunikation, Vermittlung von Tätigkeiten, Interessen und Zielen; Vertrauensbildung; eindeutiges Stellungnehmen und die Coporate Identity.[390]

Jenseits von klassischer PR gibt es eine wesentliche Besonderheit in der katholischen Kirche, und zwar die kirchliche Medienlandschaft mit ihrem vielschichtigen Angebot an kirchlichem Journalismus (s.o.). Dieser erfüllt einerseits externe PR-Funktionen wie die Thematisierung und die Verbesserung des Images der katholischen Kirche in der Gesellschaft und dient der Kommunikation mit den Mitgliedern. Die Trennung zwischen PR und Journalismus ist also nicht scharf zu ziehen.[391]

---

[386] Vgl. Albers. S.93ff.
[387] Vgl. Brömmling. S.160.
[388] Vgl. Stabsabteilung Medien des Erzbistums Köln. S.11.
[389] Vgl. ebd. S.64. 68.
[390] Vgl. Becker-Huberti, Manfred: Kirchliche Presse- und Öffentlichkeitsarbeit im Erzbistum Köln. In: Krzeminski, Michael; Neck, Clemens (Hrsg.): Praxis des Social Marketing. Erfolgreiche Kommunikation für öffentliche Einrichtungen, Vereine, Kirchen und Unternehmen. Frankfurt am Main 1994. S.99ff.
[391] Vgl. Albers. S.68ff.

4.4.2. Pressestellen der Bistümer

Von ihren Strukturen her sind die katholischen Bistümer kaum mit anderen Organisationsformen vergleichbar. Sie ähneln am ehesten noch einer Mitgliederorganisation. Aber dem eigenen Selbstverständnis nach kommunizieren sie nicht nur mit den eigenen Mitgliedern zwecks Information oder zur Loyalitätssicherung, sondern wegen *„ihrer 'Sendung' nicht in die, sondern in der Welt ist die Grenze der Kirche und ihrer Verkündung nicht identisch mit sichtbaren Grenzen der Kirchenmitgliedschaft"*[392]. Auch sind die Aufgaben der Pressestellen verschiedener Bistümer nicht einheitlich. Sie können nur die Pressearbeit im engeren Sinne als Kontaktpflege zu Journalisten und das Veröffentlichen von Pressemitteilungen oder auch weitere PR-Aufgaben wie die Herstellung eigener Medien umfassen.[393]

Deckers verweist darauf, dass die kirchliche PR historisch gesehen darunter leide, seit den 60er Jahren, in denen sowohl die kirchliche als auch die gesellschaftliche Öffentlichkeit immer kritischer wurde, eher defensiv anstatt präventiv und präemptiv gearbeitet zu haben.[394] Ferner beschreibt er, dass Pressearbeit in den einzelnen Bistümern unkoordiniert voneinander ablaufe und wegen schlechter finanzieller Ausstattung nicht an an fachlichen Standards orientiert sei.[395] Dies zeigt auch eine Studie des Lehrstuhls für Pastoraltheologie und Religionspädagogik der Universität Münster aus den Jahren 2001und 2002, in der Mitarbeiter der Bistumspressestellen befragten wurden. Danach hängen die Möglichkeiten der Bistums-PR weniger mit dem öffentlichen Interesse an kirchlichen Themen zusammen als vielmehr an der Personal- und Finanzausstattung.[396] Dabei ist sich die Kirchenleitung in Deutschland durchaus klar darüber, dass Öffentlichkeitsarbeit in der Mediengesellschaft nur mit der entsprechenden finanziellen Ausstattung funktionieren kann.[397]

Laut der Studie lag der Anteil von Pressestellen im deutschsprachigen Raum, die außer dem Leiter der Pressestellen keine oder bis zu 2 weitere redaktionelle Mitarbeiter hatten, jeweils bei 35 Prozent. 22 Prozent verfügten über 3 bis 6 journalistische Kräfte. Im Durchschnitt gab es je Pressestelle 2,1 Mitarbeiter mit redaktionellen Aufgaben. Von den Leitern der Pressestellen hatten 78 Prozent eine journalistische und 60 Prozent (auch) eine

---

[392] Deckers. S.378.
[393] Vgl. Zimmer, Konstantin: Zwischen News, PR und Verkündigung. Die Qualität der Arbeit der kirchlichen Pressestellen. In: Communicatio Socialis. 35(2002)3. S.301.
[394] Vgl. Deckers. S.375.
[395] Vgl. Deckers. S.376.
[396] Vgl. Zimmer. S.304.
[397] Vgl. Katholische Deutschen Bischofskonferenz und Rat der Evangelischen Kirche in Deutschland. S.58.

theologische Ausbildung. Aber nur 13 Prozent hatten (auch) eine PR-Ausbildung. Von den Mitarbeitern waren 43 Prozent journalistische ausgebildet.[398]

Wesentliches Aufgabenfeld der Pressestellen ist die klassische Pressearbeit mit dem Versenden von Pressemitteilungen und der Kontaktpflege zu Journalisten.[399] Laut Albers Untersuchung *„richten die Pressestellen innerhalb der katholischen Kirche ihre Arbeit nicht direkt an den Leser, sondern definieren klar die kircheneigenen und die säkularen Medien als ihr Zielpublikum."*[400] Gerade weil die Zielgruppe nicht nur kirchliche Medien sind, sind 83 Prozent Pressestellenleiter der Meinung, sie würden mir ihrer Arbeit auch nicht kirchlich Interessierte erreichen.[401] Für 74 Prozent der Befragen ist die Betreuung von Internetseiten ein regelmäßiger Bestandteil der Arbeit der Pressestellen.[402] Da es in den letzten Jahren Fortschritte in der Internetkommunikation und eine verstärkte Professionalisierung innerhalb in den Pressestellen der Bistümer gegeben habe, weist Deckers darauf hin, dass dort noch nicht auf dem Level der Unternehmenskommunikation in der freien Wirtschaft gearbeitet werde.[403] Deckers kritisiert ferner, dass auf Ebene der Bistümer keine einheitliche Vorstellung von Aufgaben und Funktionen von PR existiere.[404]

Innerhalb eines Bistums beschränkt sich interne Kommunikation nicht auf die Verständigung zwischen der Leitung des Bistums und der PR-Abteilung. Ein Bistum hat in der Regel mehrere tausend haupt- und ehrenamtliche Mitarbeiter, die der Kirche gegenüber loyale Multiplikatoren sind. Die kircheneigenen Medien wie die Bistumzeitung und das Internet können im Falle eine Krise oder zur Vorbeugung einer solchen als internes – aber auch als gleichermaßen externen – Kommunikationsmedium dienen. Allerdings kann es, wenn die Personaldecke der Pressestelle zu dünn ist oder die Aufgabe, Mitarbeiter zu informieren, nicht bei ihr liegt, zu Verwerfungen und Vertrauensverlust kommen.[405]

Im Rahmen der münsteraner Studie wurden neben den Pressestellenleitern auch Redakteure von Tages- und Bistumszeitungen nach ihrer Beurteilung der Arbeit der Pressestellen befragt. Neben der Einschätzung, dass die Pressestelle gute bis vorbildliche Arbeit leisteten, kam zu Tage, dass sich der größte Teil der Befragten gerade in Konfliktsituationen mehr Offenheit und Dialog wünschen würde.[406]

---

[398] Vgl. Zimmer. S.302.
[399] Vgl. Zimmer. S.307.
[400] Albers. S.53f.
[401] Vgl. Zimmer. S.304.
[402] Vgl. Zimmer. S.308.
[403] Vgl. Deckers. S.377.
[404] Vgl. Deckers. S.378.
[405] Vgl. Deckers. S.373.
[406] Vgl. Zimmer. S.313.

Die Grenzen der PR der Bistümer – gerade in Krisen – liegen letzten Endes dort, wo die Bistumsleitung keine bessere Pressearbeit will, sich nicht auf den Dialog mit der Öffentlichkeit einlassen will, gegen den Rat der Pressestelle handelt oder diese gar nicht erst über drohende Krisen informiert.[407] [408]

Laut der münsteraner Studie sehen nur 9 Prozent der befragten Pressestellenleiter ihre Arbeit als PR, während 52% Prozent ihre Arbeit bei „News" und 26 Prozent bei „News" und PR sehen.[409] Die Pressestellenleiter wollen nicht Menschen durch geschickte PR für die Kirche gewinnen, sondern sehen als ihre Hauptaufgaben und Ziele:[410]

- Kirchliches Wirken verständlich machen
- Angebote der Kirche bekannt machen
- Information von Mitarbeitern und kirchlich Interessierten und Engagierten
- Der Öffentlichkeit das kirchliche Profil klar machen
- Den Abbau von Vorurteilen gegenüber der Kirche
- Der Kirche zu einem positiven Image verhelfen
- Inhalte nicht nur bekannt, sondern auch verständlich machen

61 Prozent der Pressestellenleiter gaben in der Studie an, es gehe ihnen darum, ein gleichermaßen zutreffendes wie positives Bild von Kirche zu vermitteln, während 30 Prozent eher ein zutreffendes und 9 Prozent eher eher ein positives Bild vermitteln wollen. Für 96 Prozent der Befragten ist es im Krisenfall von Bedeutung, auch Fehler der Kirche einzugestehen, um Glaubwürdigkeit zu bewahren. Im Sinne von CeS sehen 83 Prozent im Fehlereingeständnis einen Teil der umfassenden und wahrheitsgemäßen Information.[411]

Trotz großen Wohlwollens für die Kirche lässt sich ableiten: *„Vorrang vor positiver, werbender PR hat bei den Pressestellenleitern eindeutig die sachliche, wahrheitsgemäße Information."*[412]

4.5. katholische Kirche und Diskurs

4.5.1. Diskursfähigkeit der katholischen Kirche

TdKH und VÖA verlangen prinzipiell von den Teilnehmern den Eintritt in einen praktischen Diskurs, in dem klar gemacht werden soll, welche Normen und Werte sein Handeln begründen. Diese entspringen für die katholische Kirche aus religiösem Selbstverständnis und lassen sich nicht durch das bessere Argument widerlegen. So besteht

---

[407] Vgl. Deckers. S.372, S.379.
[408] Vgl. Zimmer. S.300, S.313.
[409] Vgl. Zimmer. S.306.
[410] Vgl. Zimmer. S.305
[411] Vgl. Zimmer. S.306.
[412] Zimmer. ebd.

für die katholische Kirche nach eigener theologischer Auffassung durchaus ein Absoluteinheitsanspruch darauf, die einzige wahre Religion zu sein.[413] Ferner herrscht in der katholischen Kirche die Auffassung von der Unfehlbarkeit des Papstes.[414] Damit steht die Kirche (und damit der Ausgangspunkt ihrer PR) im Widerspruch zu einer wertepluralistischen Gesellschaft und deren Diskurspraxis.

Von Seiten katholischer PR existiert zudem der Einspruch, es würde sich negativ auswirken, die eigenen Werte zur Diskussion zu stellen. So weist Becker-Huberti darauf hin, dass dies unglaubwürdig sei und dass vielmehr dem Zeitgeist zuwider gehandelt werden müsste und es Aufgabe der PR sei, die eigenen Werte offensiv und transparent zu erläutern.[415] Hierfür seien, so Becker-Huberti, vor allem kirchliche Repräsentanten nötig, die über die nötige kommunikative Kompetenz verfügten.[416]

Begründungen für ihr Handeln in der Gesellschaft zieht die Kirche als Organisation aus ihren religiösen Normen. In einem gesellschaftlichen Diskurs muss sie die sich aus der Religion und deren Normen herleitenden Argumente in diskursfähige Argumente übertragen, was Habermas nach Rawl den „Übersetzungsvorbehalt" nennt. Jedoch sind die religiöse Semantik und Symbolisierungsformen teilweise unübersetzbar.[417] Glaubensgewissheiten können nicht frei von Verlust in rationale Gründe umgewandelt werden.[418] Es besteht also die Problematik, dass es unübersetzbare religiöse Argumente gibt, die nicht um jeden Preis aus strategischen Gründen übersetzt werden können. Denn so würde eine aus kirchlicher Sicht authentische Absicht in einer Pseudosprache vorgetragen.[419] Denn „Säkulare Sprachen, die das, was einmal gemeint war, bloß eliminieren, hinterlassen Irritationen. Als sich Sünde in Schuld verwandelte, ging etwas verloren."[420] Im Diskurs selbst sind Argumente, die auf einer religiösen Tradition beruhen,

---

[413] Vgl. Krämer, Peter: Religionsfreiheit und Absolutheitsanspruch der Religionen - aus der Perspektive des Christentums. http://www.theo.uni-trier.de/_downloads/Kraemer.pdf (Abruf: 24.11.2011).S.4ff.

[414] Vgl. bistum-augsburg.de a.a.O.

[415] Vgl. Becker-Huberti. S.102.

[416] Vgl. ebd. S.103.

[417] Vgl. Bahr, Petra: Vom Sinn öffentlicher Religion. In: Heinig, Hans Michael; Walter, Christian (Hrsg.): Staatskirchenrecht oder Religionsverfassungsrecht?: Ein begriffspolitischer Grundsatzstreit. Tübingen 2007. S. 83.

[418] Vgl. Renn, Joachim: Arbeitsteilung und Selbstzweifel. Der Dialog der Religionen zwischen religiöser Gewissheit und bürokratischer Organisation. In: Müller, Tobias; Schmidt, Karsten; Schüler, Sebastian (Hrsg.): Religion im Dialog: interdisziplinäre Perspektiven, Probleme, Lösungsansätze. Göttingen 2009. S.58.

[419] Als Beispiel kann hier der Versuch von Abtreibungsgegnern gelten, säkular zu argumentieren, statt von menschlicher Göttlichkeit zu sprechen. Vgl. André, Bächtiger; Pedrini, Seraina;Könemann, Ryser, Mirjam: Religion und Politik. Säkularisierung, Pluralisierung und deliberative Vision. In: Könemann, Judith; Loretan, Adrian: Religiöse Vielfalt und der Religionsfrieden. Herausforderungen für die christlichen Kirchen. Zürich 2009. S.59.

[420] Vgl. Habermas, Jürgen: Dankesrede des Friedenspreisträgers. Glauben und Wissen. 2001. http://www.glasnost.de/docs01/011014habermas.html (Abruf:27.01.2012).

prinzipiell benachteiligt. Denn wenn die Argumente allgemein zustimmungsfähig sein sollen, müssen sie der religiösen Partialsemantik entkleidet sein, da sie nur so allgemein zugänglich sind.[421]

4.5.2. Exkurs: Kirche und VÖA, geht das?

Vor dem empirischen Teil dieser Arbeit soll an dieser Stelle kurz gezeigt werden, dass in einem katholischen Bistum durchaus eine, in das VÖA Konzept passende PR betrieben wird. So traf sich der Berliner Erzbischof Rainer Maria Woelki im Vorfeld des Papstbesuches mit Mitgliedern des Lesben- und Schwulenverbands.[422] [423] Das durchzusetzende Interesse des Bistums war an dieser Stelle, einen respektvollen Umgang mit dem Papst auf einer angekündigten Anti-Papstdemo zu erreichen. Anlass für diese war unter anderem, dass die katholische Kirche, aus Sicht des Verbands, Homosexuelle diskriminiere. Auch wenn hier im Diskurs keine Einigung erzielt worden ist, da eine Einigung über Richtlinien, um moralische Urteile einzuschätzen, zwischen den religiösen und den säkularen Normen nicht möglich war, zeigt der Vorgang, dass der VÖA-Ansatz in der katholischen Kirche funktionieren kann. Denn hier wurde die simple, von Burkart aufgestellte Formel, dass man gut daran täte, mit Betroffenen zu reden, weil sonst keine Aussicht darauf bestünde, sein Interesse durchzusetzen, eingehalten. Schlicht wussten beide Beteiligten nach einer solchen Diskussion, worüber sie sich uneinig sind. Dass keine Einigung erzielt wurde, ist mit Hinblick auf die Kontrafaktizität des Ansatzes nicht von Bedeutung. Und aus PR-Sicht sei erwähnt, dass allein die Tatsache, dass das Bistums sich dialogbereit gezeigt hat, für positive Schlagzeilen gesorgt hat.

---

[421] Vgl. Seiber, Christoph: Inklusion von Religion im politischen Dikurs - eine irreführende Fragestellung? Überlegungne zur Verhältnisbestimmung von öffentlicher Vernunft und Religion bei John Rawls und Jürgen Habermas. In: Werkner, Ines-Jacqueline; Liedhegener, Antonius; Hildebrandt, Mathias : Religionen und Demokratie: Beiträge zu Genese, Geltung und Wirkung eines aktuellen politischen Spannungsfeldes. Wiesbaden 2009. S.49.

[422] Vgl. morgenpost.de: Erzbischof Woelki trifft Lesben und Schwule. 16.09.2011 http://www.morgenpost.de/berlin-aktuell/article1766434/Erzbischof-Woelki-trifft-Lesben-und-Schwule.html (Abruf: 24.11.2011).

[423] Vgl. tagesspiegel.de: Unterschiedlich, aber friedlich. 16.09.2011 http://www.tagesspiegel.de/berlin/unterschiedlich-aber-friedlich/4617972.html (Abruf: 24.11.2011).

5. Methode und Forschungsdesign

5.1. Das leitfadengestützte Experteninterview

Das leitfadengestützte Experteninterview als Form der Befragung nutzt die (Alltags-) Kommunikation zur Informationsgewinnung über das Forschungsobjekt.[424] Die Begriffe „Experte" und „Experteninterview" sind in der Sozialwissenschaft nicht eindeutig definiert.[425] Gläser definiert beides wie folgt: *„Experten sind Menschen, die ein besonderes Wissen über soziale Sachverhalte besitzen, und Experteninterviews sind eine Methode, dieses Wissen zu erschließen."*[426] Differenzierter definieren Bogner und Menz: *„Der Experte verfügt über technisches, Prozess- und Deutungswissen, das sich auf sein spezifisches professionelles oder berufliches Handlungsfeld bezieht. Insofern besteht das Expertenwissen nicht allein aus systematisierenden, reflexiv zugänglichem Fach- und Sonderwissen, sondern es weist zu großen Teilen den Charakter von Praxis- und Handlungswissen auf."*[427]

Die Experten sind also nicht in erster Linie das „Untersuchungsobjekt", sondern vielmehr gilt ihnen das Interesse, weil sie Zeugen eines des zu untersuchenden Prozesses sind und über Insiderwissen verfügen. Das Wissen der Experten umfasst komplex integrierte Wissensbestände und ist für die Ausübung des Berufes notwendig, so dass der Zugriff auf dieses Wissen es ermöglicht, Kausalmechanismen aufzudecken, zu denen die Forschung ansonsten keinen Zugang hat.[428] [429] So sind die Befragten nicht nur Merkmalsträger, sondern auch Informationsquelle für die Beurteilung von Themen und Entwicklungen.[430] Anders als bei quantitativer Forschung geht es bei dem Experteninterview als qualitativer Methode nicht darum, Merkmale zu zählen, sondern darum, *„Strukturen zu entdecken, zu beschreiben und zu interpretieren."*[431]

Gerade in einem wenig erforschten, unübersichtlichen und thematisch teilweise sehr neuen Feld, wie es diese Arbeit zum Thema hat, bietet das Experteninterview die Möglichkeit, das Problembewusstsein der Forschung zu schärfen, unterstützt die thematische

---

[424] Vgl. Scholl, Armin: Die Befragung. Konstanz 2009. S.21.
[425] Gläser, Jochen; Laudel, Grit: Experteninterviews und qualitative Inhaltsanalyse. Wiesbaden 2004. S.11.
[426] Gläser, Jochen; Laudel, Grit. S.10.
[427] Vgl. Bogner, Alexander; Menz, Wolfgang: Das theoriegenerierende Experteninterview. Erkenntnisinteresse, Wissensformen, Interaktion. In: Bogner, Alexander, Littig, Beate; Menz, Wolfgang: Das Experteninterview. Theorie, Methode, Anwendung. Wiesbaden 2005. S.46.
[428] Vgl. Bogner; Metz 2005B S.37, 42.
[429] Vgl. Gläser; Laudel: S.91.
[430] Vgl. Eilders. S.51.
[431] Vgl. Eilders. S.50.

Strukturierung des Untersuchungsgebiets und ermittelt relevante Aspekte für die weiterführender Forschung.[432] [433]

Nach Bogner und Menz lässt sich das Wissen der Experten in drei verschiedene analytische Gruppen einteilen:[434]

- **Technisches Wissen.** Es umfasst beispielsweise Wissen zur Herstellbarkeit fachspezifischer und bürokratische Handlungsroutinen und resultiert daraus, das die Experten inhaltliche und systematische Besonderheiten kennen, die nicht Teil des Alltagswissens sind.

- **Prozesswissen.** Es entsteht daraus, dass Experten Einsicht haben in Handlungsabläufe, Routinen und die Konstellationen innerhalb ihrer Organisation. Auch Wissen, dass der Experte aus seine praktischen Tätigkeit erworben hat und/oder über das er verfügt, weil es seinem persönlichen Handlungsfeld sehr nahe steht, wird zum Prozesswissen gezählt. Im Gegensatz zum technischen Wissen ist es ist weniger im engeren Sinne Fachwissen als vielmehr durch die Praxis und den eigenen Handlungskontext erworbenes Erfahrungswissen.

- **Deutungswissen.** Es umfasst Interpretationen, Sichtweisen und Erklärungsmuster des Experten. Dieses Wissen wird erst durch das Interview und dessen Auswertung produziert und existiert nicht interpretationsunabhängig. Es resultiert nicht aus einem spezifischen Wissensvorsprung, sonderN berührt den Experten als Privatperson.

Bei der Untersuchung wird den verschiedenen Prinzipien sozialwissenschaftlicher Forschung Beachtung geschenkt. Insbesondere ist das Prinzip der Offenheit für diese Erhebung von Bedeutung. Das Vorverständnis der Untersuchung darf nicht dazu führen, dass Ergebnisse in vorgefertigte Kategorien gezwängt werden, was zum Ausschluss alles Unerwarteten führen würde.[435]

Die Vergleichbarkeit der geführten Experteninterviews wird in dieser Arbeit durch zweierlei sichergestellt. Einerseits, weil es durch einen Leitfaden geschlossen gestaltet ist, so dass es weniger unvergleichbare Antworten produzieren sollte, und andererseits verfügen die Experten über einen gemeinsamen institutionellen und organisatorischen Rahmen.[436] Das Experteninterview schafft zwischen Interviewer und Befragtem eine asymmetrische und künstliche Kommunikationssituation. Der Interviewer hat eine passive

---

[432] Vgl. Bogner; Metz 2005B. S.37.
[433] Vgl. Eilders. S.51
[434] Vgl. Bogner; Metz 2005B. S.43f.
[435] Vgl. Gläser; Laudel: S.24ff
[436] Vgl. Meuser, Michael; Nagel, Ulrike: ExperInneninterviews – vielfach erprobt, wenig bedacht. Ein Beitrag zur qualitaitven Methodendikussion. In: Bogner, Littig, Menz. S.81.

und der Befragte eine aktive Rolle. Das Interview an sich ist für den Befragten durch Zusicherung von Anonymität sozial folgenlos. Ziel der systematisch verlaufenden Befragung ist es, durch die mittels Leitfaden regelgeleitete Kommunikation valide Informationen über den Forschungsgegenstand zu bekommen.[437]

5.2. Die Expertenauswahl

Da es bei der Auswahl der Experten darum geht, sie so zu wählen, dass die Forschungsfrage beantwortet werden kann, gibt es keine formal festgelegten Regeln dafür, wie es sie für das Ziehen von Stichproben gibt. Es gilt natürlich sicherzustellen, dass für die Fragestellung und das untersuchte Feld relevante Fälle untersucht werden.[438] [439] Die ausgewählten Experten stehen exemplarisch für die Grundgesamtheit. Die volle Repräsentativität ist nicht Ziel der Untersuchung.[440] [441] [442]

Aus forschungspraktischen Gründen ist es wichtig, überhaupt Zugang zu den zu interviewenden Experten zu haben und deren Bereitschaft, sich interviewen zu lassen. In der Regel werden bei Experteninterviews akademisch sozialisierte Personen interviewt, weshalb davon auszugehen ist, dass sie der Forschung einen hohen Stellenwert zumessen und über hohe sprachliche Kompetenz verfügen.[443] Ferner ist die Zahl der untersuchten Fälle zu beachten, da Erhebungs- und Auswertungsaufwand proportional mit der Zahl der Fälle steigen.[444] Auch ist zu beachten, dass zwischen dem Interviewpartner und dem Interviewer eine gewisse Distanz nötig ist, weil sonst die Gefahr besteht, dass etwas als selbstverständlich von einem der beiden vorausgesetzt wird.[445] Prinzipiell steht Forschung im Bereich PR auf Grund des unklaren Berufsfelds vor dem Problemen *„der Abgrenzung, der Operationalisierung und der Auswahl und Erfassung einer Stichprobe"*[446]

Aufgrund des Erkenntnisinteresses dieser Arbeit war die Auswahl der Experten auf einen recht kleinen Kreis beschränkt. Unterschiedliche Strukturen und Zuständigkeiten innerhalb der einzelnen Bistümer erschwerten das Finden der richtigen Experten. Als

---

[437] Vgl. Eilders, Christian: Befragung. In:Hans-Bredow-Institut (Hrsg.): Medien von A bis Z. Wiesbaden 2006. S.50.
[438] Vgl. Kelle; Kluge. S.42.
[439] Vgl. Gläser; Laudel. S.95.
[440] Vgl. Gläser; Laudel. S38f.
[441] Vgl. Stöber, Rudolf: Kommunikations- und Medienwissenschaft. Eine Einführung. München 2008. S.193.
[442] Vgl. Kelle; Kluge. S.109.
[443] Vgl. Bogner, Alexander; Menz, Wolfgang: Expertenwissen und Forschungspraxis: Die modernisierungstheoretische und methodische Debatte um die Experten. In: Bogner; Littig; Menz.. S.8f.
[444] Vgl. Gläser; Laudel. S.97-98.
[445] Vgl. Gläser; Laudel. S.114
[446] Böckelmann, Frank: Pressestellen als journalistisches Tätigkeitsfeld. Eine Untersuchung der Pressearbeit in Unternehmen, Organisationen und Institutionen. In: Dorer, Johanna; Lojka, Klaus (Hrsg.): Öffentlichkeitsarbeit. Theoretische Ansätze, empirische Befunde und Berufspraxis der Public Relations. Wien 1991. zitiert nach: Röttger; Preusse; Schmitt. S.266.

Interviewpartner kamen in den 27 deutschen Bistümern die Leiter der Presse- und Öffentlichkeitsarbeit sowie die für Social Media bzw. das Internet zuständigen Mitarbeiter in Frage. Insgesamt wurden 16 Personen stellvertretend für ihr Bistum befragt.[447]

5.3. Der Leitfaden

Der Leitfaden ist das Glied, das die theoretischen Vorüberlegungen mit der qualitativen Erhebungsmethode verbindet. Durch die in ihm enthaltenen Fragen wird das Wissen charakterisiert, welches es zu beschaffen gilt, damit die Forschungsfrage beantwortet werden kann. Sie sind die Übersetzung der eigentlichen Forschungsfrage in empirische Fragen.[448] In Leitfaden gestützten Interviews werden vorgegebenen Themen mittels eines Fragebogens abgearbeitet. Im Gegensatz zur vollständig standardisierten Befragung zeichnet sich das teilstandardisierte Experteninterview durch eine gewissen Offenheit aus. Die Fragen müssen dabei von jedem Interviewten beantwortet werden. Die Formulierung der Fragen und ihre Reihenfolge sind aber nicht verbindlich und sich aus dem Gesprächsverlauf ergebende Fragen oder Nachfragen dürfen zudem gestellt werden.[449] [450]

Bei der Formulierung der Leitfragen ist es sinnvoll, darauf zu achten, dass gewisse Elemente abgedeckt werden. So muss klar sein, welche Situationen und Prozesse zu rekonstruieren sind, welche Bedingungen, Handlungen und Handlungsresultate sie beeinflussen, wer die beteiligten Akteure sind, welche deren Interessen und Ziele sind und welche auftretende Konflikte und deren Ursachen und Lösungen sind.[451] Es muss dafür Sorge getragen werden, dass die Fragen des Leitfadens eine Übersetzung des Erkenntnisinteresses in Bezug auf den Erfahrungshintergrund der Befragten darstellen.[452]

Der in dieser Untersuchung verwendete Leitfaden besteht aus 6 Blöcken.

Im ersten Block steht der Interviewpartner und seine Arbeitssituation im Fokus. Die Einstiegsfrage 1.1. soll dabei gleichermaßen eine lockere Gesprächsatmosphäre schaffen, und durch die Frage nach dem Studium klären, ob ein Theologie-Studium oder eine spezielle PR-Ausbildung vorhanden ist. Mit 1.2. sollen Position und die primären Aufgaben des Interviewpartners ergründet werden. Die Frage nach dem beruflichen Selbstverständnis dient dazu, herauszufinden, was die Ziele der Arbeit sind. Besonders wichtig ist hier, ob die kirchlichen Angestellten ihre Arbeit als Verkündigung betrachten

---

[447] In einem Fall wurden alle Fragen mit Ausnahme derer zum Thema Facebook, vom Abteilungsleiter beantwortet, während zu Facebook, die hierfür zuständige Redakteurin antwortete.
[448] Vgl. Gläser; Laudel. S.88f
[449] Vgl. Stöber. S.193.
[450] Gläser; Laudel. S.39-40.
[451] Vgl. Gläser; Laudel. S.90.
[452] Vgl. Gläser; Laudel. S.112.

oder als eine Form von PR. Die in 1.4. abgefragte Größe der Abteilung dient dazu, die Arbeitsbedingungen unter denen der Befragte arbeitet, abzuschätzen, da die Auswertung der Fragen anonym abläuft und ansonsten keine Rückschlüsse auf die Größe der Pressestelle möglich wären.

Der zweite Fragenblock bezieht sich konkret auf die VÖA. Die Frage 2.1. bezieht sich auf die Informationsphase der VÖA und soll herausfinden, inwieweit auf die Wahrheit ausgerichtete Informationstätigkeit über Fakten und Interessen der Kirche bzw. Bistümer Aufgabe der PR ist. 2.2. soll grundlegend klären, ob sich die Kirche grundsätzlich in einer Situation befindet, auf die sich VÖA nach Burkart anwenden lässt. Die Diskussion und Diskursphase stehen im Mittelpunkt von 2.3. Ziel ist es, herauszufinden, ob von Seiten der Kirche überhaupt Diskussion und darauf folgend Diskurs möglich ist und ob dieser im Bereich der PR verordnet wird. Der Diskurs steht im Zentrum von Frage 2.4. Die oben erklärte Problematik, dass Kirche nur begrenzt diskursfähig ist, soll hier überprüft werden, um die Auswirkungen auf die PR-Arbeit festzustellen. 2.5. bezieht sich auf die Phase der Situationsdefinition und soll feststellen, ob aus einem eventuell stattfindenden Dialog Schlüsse gezogen werden. In diesem Zusammenhang ist auch 3.3.5 wichtig, denn das Ziehen von Schlüssen ist Aufgabe der Organisation und ihrer Leitung und nicht die der PR. Fragenblock 3 befasst sich konkret mit Social Media. Er ist aufgeteilt in die Unterblöcke 3.1. Social Media Anwendung, 3.2. Art der Nutzung und 3.3. Social Media Strukturen. 3.1.1. dient der Überleitung zum Social Media Fragenblock und soll feststellen, welches Bild von Social Media beim Befragten vorherrscht, um auszuschließen, dass der Befragte den Begriff nicht kennt und die folgenden Fragen vor einem falschen Hintergrundwissen beantwortet. 3.1.2. dient dazu, die Bistümer auszusortieren, die kein Social Media nutzen und sie weiterzuleiten zu dem Punkt des Fragebogens, an dem die Gründe dafür erfragt werden. Die Frage, ob Social Media eher als Informationsmedium oder als Diskussions- oder Diskursmedium verstanden wird, bildet den Hintergrund von Frage 3.1.3. Obligatorisch folgt die Frage, welche Angebote überhaupt genutzt (3.1.4.) werden, auch um überzuleiten zur Frage zur Art der Nutzung. 3.2.1 und 3.2.2. zielen darauf ab, herauszufinden, wie im konkreten Social Media genutzt und was für Inhalte dort veröffentlicht werden, um zu erfahren, ob eine reine Informationstätigkeit ausgeübt wird oder die Grundlage für Dialog gelegt wird. Ferner soll geprüft werden, ob von der Möglichkeit des Social Web Gebrauch gemacht wird, um fremde Inhalte im eigenen Netzwerk zu teilen und eigenen Inhalt zu produzieren. 3.2.3. soll erklären, welche Zielgruppen bzw. Stakeholder überhaupt mit Social Media erreicht werden und ob dies funktioniert. Von besonderem Interesse ist auch, ob Mitarbeiter eine Zielgruppe darstellen und/oder ob z.B. auch Kirchenferne erreicht werden sollen 3.2.4. und 3.2.5. zielen darauf ab, ob ein echter Dialog zustande kommt, wie ihn die Kirche nach eigener Aussagen führen will, und ob so im Sinne der VÖA Diskussion und Diskurs ermöglicht wird. Abschließend soll 3.2.6. in Erfahrung bringen, ob Social Media bereits in Krisen eingesetzt wurde, da VÖA ursprünglich vor dem Hintergrund der Krisensituationen geschaffen wurde und der Einsatz in einer konkreten Krise Rückschlüsse darauf zuließe, ob Social Media in einer solchen ein wirksames Instrument wäre. Der Unterabsatz 3.3. soll standardisiertere Antworten hervorbringen als die Fragen zuvor und feststellen, wie weit Strukturen der Social Media Nutzung bereits entwickelt sind und ob es Konzepte und Guidelines[453] gibt. Fragenblock 4 richtet sich ausschließlich an Bistümer, die kein Social Media einsetzen. Ziel ist herauszufinden, welche Faktoren dafür verantwortlich sind und wie sich diese ändern müssten, damit Social Media angesetzt würde. Ferner soll erfahren werden, ob der Einsatz in Zukunft geplant ist.

Die Fragen in Block 5 beziehen sich auf die private Social Media Nutzung der Befragten. Zum Abschluss soll im 6. Block von den Befragten eingeschätzt werden, wie sich Social Media in Zukunft auf die katholische Kirche und ihre PR auswirken wird.

5.4. Ablauf

Da eine Studie wie diese von der Erreichbarkeit und Bereitschaft von Experten abhängt, sich interviewen zu lassen, ist es sinnvoll, Kontakt über einen „Türwächter" mit hoher Stellung in der untersuchten Organisation herzustellen.[454] Dazu wurde in einem ersten Schritt der Vorsitzende der Arbeitsgemeinschaft der (erz-)bischöflichen Pressesprecher Deutschlands Ulrich Lota, darum gebeten, die Pressestellen der deutschen Bistümer vorab über das Forschungsprojekt zu informieren und um ihre Unterstützung zu bitten. Darauf folgend wurde ein Anschreiben an die jeweiligen Pressestellen bzw. die Leiter der für Öffentlichkeitsarbeit zuständigen Stellen, mit der Bitte um Teilnahme, geschickt. Vor der eigentlichen Untersuchung wurde im Rahmen einer Vorstudie der Leitfaden in einem Interview mit der ehemaligen stellvertretenden Pressesprecherin des Bistums Essen durchgeführt. Die eigentlichen Interviews wurden zwischen dem 28.11.2011 und dem 30. 1.2012 geführt.

Die Interviews wurden mittels der Software Skype telefonisch geführt und mit der Software Skype MP3 Rekorder aufgezeichnet. Zur Auswertung wurden die geführten Interviews wörtlich mit Hilfe der Software F4 transkribiert und nur nicht zum Thema

---

[453] Also festgesetzte Regeln, wie sich Mitarbeiter in Social Media verhalten sollen.
[454] Vgl. Mayer. S.46.

gehörende Teile ohne Bedeutung für die Fragestellung nicht mit aufgenommen. Der Transkription folgt die Auswertung mittels des Programms MAXQDA. Dafür wurden die Transkripte mit der Software thematisch geordnet. Die thematisch geordneten Interviews wurden anschließend paraphrasiert. Bei der Paraphrasierung wurden nicht inhaltstragende Teile der Transkription gestrichen und ein einheitliches Sprachniveau hergestellt. Ergebnis der Paraphrasierung muss eine textgetreue Wiedergabe des Interviews mit eigenen Worten sein, ohne dass eine voreilige folgende Klassifizierung erfolgt oder Inhalt hinzugefügt oder unterschlagen wird.[455] [456] Dabei war darauf zu achten, dass die Terminologie der Interviewten trotz Paraphrasierung weiter verwendet wird, da ansonsten Informationen verloren gehen können.[457] Der Paraphrasierung folgte die Interpretation, bei der gleiche Gegenstände mit verschiedener Ausprägungen und gleiche Ausprägungen zu verschiedener Gegenständen zusammengefasst werden und Querverweise und Bemerkungen hinzugefügt werden. So wird die Vergleichbarkeit der erhobenen Daten gewährleistet und erst das ermöglicht es die Fragestellung zu beantworten und ein Gesamtbild zu schaffen. Letzter Schritt ist das Erstellen von idealtypischen Typen mit übereinstimmenden Merkmalen, in die sich die Befragten einordnen lassen.[458]

---

[455] Vgl. Mayer, Horst Otto: Interview und schriftliche Befragung: Entwicklung, Durchführung und Auswertung. Oldenburg 2008. S.51.
[456] Vgl. Kelle; Kluge. S.59.
[457] Vgl. Mayer. S.52.
[458] Vgl. Kelle, Udo: Kluge, Susann: Vom Einzelfall zum Typus. Fallvergleich und Fallkontrastierung in der qualitativen Sozialforschung. 2. überarbeitete Auflage. Wiesbaden 2010. S.10

6. Auswertung

6.1. Personen

Die aus 16 Bistümern befragten Personen hatten verschiedene Positionen innerhalb der Bistümer inne, waren mit unterschiedlichen Aufgaben betraut, hatten uneinheitliche Ausbildungen durchlaufen und arbeiteten in unterschiedlichen Strukturen der Presse und Öffentlichkeitsarbeit. Befragt wurden 4 Online-Redakteure, 2 Referenten bzw. Redakteure für Presse- und Öffentlichkeitsarbeit, 6 Leiter von auch für Öffentlichkeitsarbeit zuständigen Pressestellen, 3 Referenten oder Leiter der Öffentlichkeitsarbeit[459] sowie ein Priester der im Bistum neben seiner eigentlichen Tätigkeit zuständig für die Öffentlichkeitsarbeit ist.

Die Ausbildungen von den Befragten waren sehr unterschiedlich. Bei 15 der Befragten ging der Weg in die Öffentlichkeitsarbeit über ein geisteswissenschaftliches Studium. Nur in einem Fall erfolgte die Ausbildung lediglich über ein Volontariat. Ein reines Theologiestudium hatten 4 vorzuweisen, wobei einer darin auch promovierte. 3 studierten Theologie als Nebenfach. 5 Befragte hatten ein medien-, kommunikations-wissenschaftliches oder journalistisches Studium hinter sich. Insgesamt 7 wurden über das Studium hinaus an Journalistenschulen ausgebildet, hatten eine Redakteursausbildung oder hatten berufliche Praxiserfahrung im Journalismus. Über eine wirkliche PR-Ausbildung verfügten nur 2 der Befragten. Reine Quereinsteiger in PR, ohne vorherigen Bezug zu Medien oder PR, waren 6 Befragte. Einerseits lässt sich also eine gewisse Form der Professionalisierung in der Bistums-PR erkennen, da sie ihr Personal aus auf unterschiedliche Weise fachlich geschultem Personal bezieht. Andererseits zeigen sich Grenzen der Professionalisierung durch die vielen Quereinsteiger.

Die Aufgaben, die die Befragten ausüben, waren auf Grund ihrer verschiedenen Positionen, der unterschiedlichen Strukturen in den einzelnen Bistümern und der unterschiedlichen personellen Ausstattung (zwischen einer Person für Presse- und Öffentlichkeitsarbeit und 23 Personen nur für den Bereich PR ohne Pressearbeit) nicht einheitlich. Bei den Referenten und Leitern der Presse- und Öffentlichkeitsarbeit waren Tätigkeiten aus diesem gesamten Bereich wie redaktionelle Arbeit, Betreuung der Internetseite, Presse-kommunikation und Produktion eigener Medien ihre Aufgabe. Bei reinen Internet-redakteuren lag der Fokus logischerweise auf der Arbeit mit dem Internet, während bei reiner Öffentlichkeitsarbeit die Pressearbeit außerhalb ihrer Zuständigkeit lag.

---

[459] In diesen Fällen waren im Bistum die Abteilungen für Pressearbeit und Öffentlichkeitsarbeit organisatorisch getrennt.

Was ihr berufliches Selbstverständnis als PR-Schaffende betrifft, war das Bewusstsein vorherrschend, dass man als Bistumsmitarbeiter in einem Tendenzbetrieb tätig sei und *„interessengeleitete Kommunikation für das Bistum"*[460] betreibe. Doch innerhalb der Grenzen ist es das Ziel mittels Informationsvermittlung. *„ein möglichst genaues, ehrliches und offenes Bild der Kirche nach außen zu vermitteln"*[461], sich dabei an journalistischen Qualitätsstandards zu orientieren und durch das aus Information erwachsene Vertrauen in der Öffentlichkeit Handlungsspielräume für das jeweilige Bistums zu schaffen und ein positives Image zu erzeugen. Einzelne Befragte betonten darüber hinaus die Bedeutung einer eher normativ verstandenen Beziehungspflege für die PR.

Worum es sich bei Social Media handelt, wussten 15 der Befragten Personen.[462] 9 davon nutzen Social Media privat. Die eigene Social Media Nutzung und Kompetenz war aber sehr unterschiedlich. 3 Befragte bezeichneten sich selbst als Digital Natives oder Early Adopters, die sehr viele verschiedene Social Media Angebote kennen, ausprobieren und regelmäßig nutzen und über besonders hohe Kompetenz verfügen. Die Regel unter den Befragten ist die Nutzung eines Facebook Accounts, über den 6 weitere Befragte verfügen. Die Selbsteinschätzung der eigenen Kompetenz reichte hier von wenig, über normale bis hin zu überdurchschnittlicher[463] Kompetenz. Bei Befragten, die in diesem Bereich nicht aktiv waren, zeigte oft sich eine negative Einstellung gegenüber Social Media.

6.2. PR als Schnittstelle und Übersetzungstätigkeit

Die Bistümer als Teil der katholischen Kirche betreiben PR unter besonderen Umständen. PR, die aus einer Glaubensgemeinschaft heraus betrieben wird, unterscheidet sich von der PR anderer NPOs, die rein auf gesellschaftlicher Ebene tätig sind. So übernimmt die PR hier die *„Vermittlerposition zwischen Kirche und säkularer Welt"*[464]. Diese Vermittlung ist notwendig, damit sich Kirche überhaupt an gesellschaftlicher Diskussion und Diskurs beteiligen kann. Aber die Aufgabe der kirchlichen PR umfasst nicht nur die reine Vermittlung, sondern geht darüber hinaus.[465]

---

[460] I 8. S.1.

[461] I 5. S.1.

[462] Ein valides Urteil darüber, ob es in dem Bistum, dessen Vertreter nichts mit den Begriffen Social Media und Web 2.0 anzufangen wusste, ist nicht möglich. Deswegen wird dieses Bistum nicht in die weitere Auswertung der Social Media Nutzung mit einbezogen.

[463] Im Vergleich zum Durchschnittsnutzer.

[464] I 6. S.4.

[465] Diese Schnittstellen lassen sich auch in die - in dieser Arbeit nicht berücksichtigte - systemtheoretischen Theorien von PR integrieren.

„Es ist so was wie eine Übersetzungstätigkeit. Ich übersetze sozusagen kirchliches Vokabular in die Sprache der Menschen von heute"[466]

„Dass wir [...] die Aufgabe haben, an dieser Schnittstelle zwischen Kirche und Welt auch ein Stück Dolmetscherdienste zu leisten, weil wir in Kirche mit vielen Begrifflichkeiten unterwegs sind, die die Leute heute kaum noch verstehen"[467]

Die PR-Praktiker sind sich also einer Dolmetscher- oder Katalysatorraufgabe bewusst, wie sie schon PR-Pionier Oeckl als Handlungsmaxime für PR formulierte.[468] Kirche ist vor die Problematik gestellt, dass das Nachlassen religiöser Bindung und der Wandel zur werte- pluralistischen Gesellschaft in der Bevölkerung dazu geführt hat, dass religiöse Sprache und Semantik nicht mehr verstanden wird. Hier übernimmt die kirchliche PR die Aufgabe der Übersetzung. Diese ist für die VÖA auf verschiedenen Ebenen unabdingbar und betrifft zum Großteil die soziale Welt des normativen Bezugsrahmen, der moralischen Legitimität und der Werte. Reine Fakten auf Ebene der Objektiven Welt und die Strukturen auf Ebene der subjektiven Welt müssen nicht in dem Maße wie Moral und Glaubenswahrheiten übersetzt werden, so dass hier Vermittlung ausreicht. Die Übersetzung in einer Informationsphase ist aber Ausgangspunkt für sämtliche folgende Kommunikation der PR. Wenn es schließlich zu einer Diskussion oder einem Diskurs kommt, bleibt es Aufgabe der PR, auch Argumente in dieser bzw. diesem zu übersetzen und so die Teilnahme daran überhaupt erst zu ermöglichen. Weniger Bedeutung hat die Übersetzungsleistung der PR in Bezug auf eine VÖA-Situationsdefinition, da hier eine Rückübersetzung in religiöse Sprache und Semantik zu leisten wäre. Jedoch bleibt die Schnittstellenfunktion hier erhalten, denn es bleibt Aufgabe der PR, *„als Beobachter die öffentliche Kommunikation zu verfolgen und zu kanalisieren und das nach innen zu transportieren, was [...] von Bedeutung ist"*[469]. Nur durch diesen Transport von Informationen aus der Gesellschaft oder auch von etwaigen Diskursergebnissen nach innen ist Bistumsleitung dazu befähigt, überhaupt konkrete Handlungspläne zu entwickeln.

Prinzipiell stößt das VÖA-Modell in Bezug auf die PR der Bistümer in einem Punkt an die Grenzen seiner Erklärungskraft. Denn *„über Werte hinaus ist es der Glaube, der uns prägt und trägt, und das ist nochmal ne Stufe weiter."*[470] Dieser Aspekt betrifft die Rolle der Verkündigung für die PR.

---

[466] I 7. S.2.
[467] I 13. S.1.
[468] Vgl. Kückelhaus. S.73.
[469] I 10. S.1.
[470] I 13. S.3.

6.3. Rolle der Verkündigung in der PR

Darüber, dass Verkündigung eigentlich nicht Aufgabe der PR sei, herrschte unter den Befragten Einigkeit. Allerdings existieren eine Vielzahl von Überschneidungen zwischen den beiden Bereichen, so dass eine klare Abgrenzung nicht möglich ist, *„weil jede kirchliche Öffentlichkeitsarbeit irgendwie auch Glaubenskommunikation ist"*[471] bzw. *„Öffentlichkeitsarbeit der Kirche immer ein verkündigendes Element hat"*[472], zumal in einem sehr weit gefassten Sinn jedes kirchliches Handeln eine Form der indirekten Verkündigung wäre. Gerade wenn die PR geistliche Texte wie Predigten eines Bischofs, die er als direkte Verkündigung in einem Gottesdienst gehalten hat, beispielsweise im Internet veröffentlicht, betreibt sie damit indirekte Verkündigung. Was die *„Form und die Methode"*[473] der PR-Arbeit angeht, lässt sie sich also von der direkten Verkündigung abgrenzen. Eine Abgrenzung von indirekter Verkündigung ist schwieriger, auch weil deren Grenzen nicht klar sind. Fasst man sie enger, nämlich als die Berichterstattung über Verkündigung, gelingt es das (indirekte) verkündigenden Handeln von der für die PR wesentlichen Aufgabe der Informationsvermittlung zu trennen. Denn dadurch das über die PR als Schnittstelle zwischen Kirche und Gesellschaft Informationen in letztere gelangen, legt sie eine Informationsgrundlage, auf der später die eigentliche Verkündigung betrieben werden kann.

„Es ist Pressearbeit, PR für das Bistum. Ich bin im Vorfeld der Verkündigung, zumindest was die Pressearbeit betrifft. Ich erkläre es immer so: Damit sich Leute für das Christentum oder für die Kirche, für die katholische Kirche von mir aus, ganz konkret entscheiden können, müssen sie wissen, dass es diese Kirche gibt"[474]

Der Fokus liegt in erster Linie also darauf, Informationen über die Kirche zu vermitteln, und erst darauf aufbauend, Verkündung zu betreiben. Denn *„es bringt halt nichts, wenn über jegliche Information so eine heilige Soße gegossen wird, also so eine religiöse Soße gegossen wird, weil sie plötzlich Kirche sein muss."*[475] Im Sinne des PR-Modells von Gruning und Hunt entspricht solche Bistums-PR der Charakteristik der Informationstätigkeit, in der die Verbreitung von Information getrennt wird von *„heiliger Soße"* - also religiöser Kommunikation - und dem Anspruch auf Verkündigung. Es ist eine Einweg-Sender-Empfänger-Kommunikation, bei der der Wahrheitsanspruch wesentlich ist.

---

[471] I 11. S.1.
[472] I 4. S.1.
[473] I 4. S.1.
[474] I 7. S.1.
[475] I 2. S.2.

Neben dieser Informationstätigkeit ist es aber auch Teil des eigenen Selbstverständnisses einiger PR-Schaffenden, *„die Botschaft der Bibel [...] in die Öffentlichkeit zu bringen"*[476]. Wird dieses getan, erfüllt es nach Gruning und Hunt die Charakteristik der Publicity mit dem Zweck der (auch wenn das Wort negativ konnotiert ist) Propaganda. Bei dieser Form der Einweg-Sender-Empfänger-Kommunikation ist es es schlichtweg unmöglich, eine vollständige Wahrheit zu verbreiten, da es sich um religiöse Inhalte, um Glaubenswahrheiten handelt.

Was eine Trennung von Verkündigung und Presse- und Öffentlichkeitsarbeit auf organisatorischer und personeller Ebene betrifft, existieren sowohl Verzahnungen als auch strikte Trennungen. So sind zum Teil die für direkte Verkündigung zuständigen Mitarbeiter Teil der Stabsstellen für Medien ebenso wie die für Presse- und Öffentlichkeitsarbeit zuständigen Mitarbeiter. Auch sind gerade in kleinen, personell schlecht ausgestatteten Bistümern Mitarbeiter der Presse- und Öffentlichkeitsarbeit auch gleichzeitig Sprecher für Verkündigungssendungen im Rundfunk oder redaktionell in der Pfarrbriefarbeit eingebunden.

6.4. Verständigungsorientierte Öffentlichkeitsarbeit in den Bistümern

Grundsätzlich entwickelte Burkart sein Konzept der VÖA für PR in konkreten Krisensituationen. Die Befragung der PR-Schaffenden kam aber zu dem Ergebnis, dass VÖA über eine konkrete Krisensituation hinaus Anwendung finden kann für die PR der Deutschen Bistümer und der katholische Kirche in Deutschland. Grundlegend nehmen die PR-Schaffenden verschiedene, miteinander verknüpfte Faktoren wahr, die Ausgangspunkt für eine VÖA sind.

Es besteht ein Vertrauensverlust in der Gesellschaft gegenüber der katholischen Kirche, der sich besonders im Zuge von Missbrauchsskandalen herausstellte. Darüber hinaus wird die PR der Bistümer mit Entscheidungen des Papstes, bzw. des Vatikans, wie die Aufhebung der Exkommunizierung von Bischöfen der Piusbruderschaft, konfrontiert, die nicht auf Ebene der Bistümer entschieden werden, aber auch Vertrauen in diese beschädigen. Dies beeinflusst und erschwert die Arbeit der PR-Schaffenden. Als damit zusammenhängender Faktor existiert in der säkularen Gesellschaft und auch bei Journalisten ein sehr geringer Wissensstand über Kirche im Allgemeinen, der von den PR-Schaffenden in ihrer täglichen Arbeit wahrgenommen wird.

---

[476] I 3. S.2.

Dieses fehlende Wissen wiederum sehen die PR-Schaffenden als ursächlich für den Vertrauensverlust an. Deswegen gilt Information als erster Schritt, Vertrauen wieder herzustellen. *„Zum Teil ist das Information, dass man eben Sachverhalte klar darstellt und auch Missverständnisse oder Vorurteile ausräumen kann damit."*[477]

In einer grundlegenden anderen Situation befindet sich PR-Schaffende in Bistümern in Ostdeutschland. Dort leben Katholiken in der doppelten Diaspora, weil sie *„sowohl Minderheit gegenüber den evangelischen Mitchristen sind und mit den Evangelischen und anderen Christen zusammen immer noch 'ne Minderheit gegenüber dem weitgehend konfessionslosen Teil der Bevölkerung"*[478] sind. Hier nehmen die PR-Schaffenden einen Vertrauensverlust nicht in dem Maße wahr wie die Kollegen in den Bistümern Westdeutschlands. Zwar ist die katholische Kirche negativ in den Schlagzeilen der überregionalen Medien gewesen, doch dies wirke sich nicht spürbar auf die Arbeit aus. Eher herrschen dort gute Bedingungen für PR *„und das hängt auch damit zusammen, dass viele gar keine negativen Kirchenerfahrungen gemacht haben, weil sie erst gar keine Erfahrungen gemacht haben in ihrem Leben, und wir, wie unser Bischof immer sagt, so exotisch sind, dass wir schon wieder interessant werden."*[479] Eine solche Situation entspricht nicht den Umständen einer VÖA, weswegen hier PR auch eher im Sinne einer Informationstätigkeit betrieben wird, weil die Bistums-PR dort noch weniger als im Westen davon ausgehen kann, *„dass der Journalist oder auch nur die Mehrheit der Leserschaft einer Zeitung oder Zuschauer oder Hörerschaft mit Kirche und den kirchlichen Themen, Werten, Begriffen irgendwas anfangen kann"*[480] Mit Blick auf das VÖA-Konzept kommt PR hier – mangels Notwendigkeit – nicht über die Phase der Information hinaus.

Primäre Aufgabe der Bistums-PR ist es aber, sowohl für die Bistümer, in denen ein Vertrauensverlust herrscht, als auch in den Bistümern der doppelten Diaspora im Osten Deutschlands *„überhaupt das zu erklären, was wir sind, wer wir sind und warum wir in der Gesellschaft wirken, mitwirken und auch mitreden und das wollen und auch dürfen"*[481]. Es ist also Aufgabe der Bistums-PR, Fakten über das Bistum und die katholische Kirche, Fakten über die Kirche, ihr Selbstbild und ihre Wertvorstellungen zu vermitteln, um daraus die Legitimation für ihr Handeln in der Gesellschaft zu ziehen.

Der Phase Informationsvermittlung folgen nach VÖA-Konzept die dialogisch orientierten Phasen der Diskussion und des Diskurses. Als Teil dieser Phase kann man den gerade

---

[477] I 11. S.3.
[478] I 7. S.1.
[479] I 7. S.3.
[480] I 10. S.1.
[481] I 7. S.2.

stattfindenden Dialogprozess sehen, der auf Ebene der DBK und einzelner Bistümer geführt werden soll. Immer wieder betont wurde von den PR-Schaffenden, dass dieser Dialog wirklich *„auf Augenhöhe"* geführt werden müsse. Diesen Zustand wirklich zu erreichen ist aber schwierig für die Institution katholische Kirche und ihre Geistlichen als Funktionsträger.

„Da merkt man einfach, dass natürlich die Kirche jetzt auch nicht seit 30 Jahren besteht, sondern auch ein Konstrukt ist, was über Jahrtausende hin oder Jahrhunderte hin sich einfach in der Kommunikationsstruktur gefestigt hat, die ja eigentlich eine klassische Top-Down-Kommunikation war. In dem Bild: Dderjenige steht auf der Kanzel und spricht zu seinen Gemeindemitglieder, die unten sitzen"[482].

„Häufig ist es so, dass in kirchlichen Strukturen das jetzt nicht vom Ursprung her gelernt ist, dass der Dialog gleichwertig geführt ist und das ist, etwas, was gerade in kirchlichen Strukturen noch gelernt werden muss. "[483]

Die strukturellen Bedingungen für Diskussion und Diskurs sind auf Grund eines traditionellen Selbstbildes und Rollenverständnisses nicht perfekt, was sich negativ auf die Dialogpraxis auswirkt. Es bewahrheitet sich also, dass symmetrische Kommunikation in einer autoritären Organisationskultur schwer umsetzen ist. *„Was sich als Realität im Dialogprozess momentan darstellt, ist [...] noch eine andere, aber es entwickelt sich. "*[484]

Gerade in theologischen Fragen, wie dem Zölibat oder Frauenpriestertum, die auch von den PR-Schaffenden als heikle Punkte im Dialogprozess angesehen werden, ist ein Diskurs besonders schwierig. Denn hier geht es nicht um einen theoretischen Diskurs, in dem auf technischer oder naturwissenschaftlicher Basis argumentiert werden könnte, sondern um einen praktischen, in dem es um Konflikte, um Glaubenswahrheiten geht, die nicht mit dem zwanglosen Zwang des besseren Arguments gelöst werden können.

„Wenn man sich Dialogprozess in Bistümern anschaut, gibt es im Verständnis der katholischen Kirche Themen und Glaubensfragen, die nicht verhandelbar sind, weil sie Grundkonstrukt der katholischen Kirche und ihres Glaubens sind. "[485]

Darüber hinaus gibt es für die Folgen eines praktischen Diskurs eine weitere Einschränkung für ein einzelnes Bistum auf Grund der Organisation der katholischen Kirche als einer Weltkirche, die nach dem Top-Down-Prinzip geführt wird.

---

[482] I 2. S.3.
[483] I 1. S.1.
[484] I 5. S.3.
[485] I 2. S.3.

„Wenn in einem Dialogprozess über Zölibat gesprochen wird, dann sind auch, selbst wenn hier der Bischof und alle mitmachen wollten, irgendwann die Hände gebunden, weil es wird in Rom entschieden."[486]

Auf der Ebene der sozialen Welt, moralischer Urteile und Glaubenswahrheiten, zeigt das auf der TdKH basierende VÖA-Konzept also auf, dass sich hier in einem Dialogpozess im besten Fall ein rationaler Dissens erreichen lässt. Dieser Umstand ist auch den PR-Schaffenden klar, denn *„Kirche atmet in Jahrhunderten"*[487] und wird somit keine kurzfristigen Konsequenzen auf dieser Ebene aus einer etwaigen, dem Diskurs folgenden Situationsdefinition ziehen.

Eine andere Situation stellt sich auf der Ebene der objektiven Welt, in der es um Sachverhalte und nicht um Glaubenswahrheiten geht *„und es gibt viele Dinge, die kann man nach dem Subsidiaritätsprinzip katholisch auf der Ebene von Diözesen entscheiden und dann kann der Dialog auch da Konsequenzen haben."*[488] Im Dialog stehen hier die Chancen für fruchtbare Diskussion und Diskurs mit Folgen also besser, und es besteht von Seiten der Bistumsleitung die Möglichkeit, konkrete Handlungspläne daraus zu entwickeln. Hier zeigt sich die Funktionsfähigkeit des VÖA-Ansatzes für die deutschen Bistümer. Jedoch kann diese Möglichkeit, Erfolge zu erzielen, nicht darüber hinweg täuschen, dass grundlegende Konflikte auf einer anderen Ebene liegen.

Eine Grenze ihrer Anwendbarkeit findet die VÖA in einem Punkt, der seine Schwäche offenbart. Er betrifft die Teilöffentlichkeiten, an die sich PR im Sinne des VÖA-Konzepts richtet. Bei der Planung einer Sondermülldeponie, für die das VÖA-Konzept entwickelt wurde, mag es klare Fronten gegeben haben. Auf der einen Seite den PR-betreibenden Deponie-Planer und auf der anderen Seite die Teilöffentlichkeiten der jeweils davon betroffenen Anwohner. Diese Teilöffentlichkeiten stehen einem Problem gegenüber und können sich gemeinsam organisieren, um damit umzugehen. Für die katholische Kirche stellt sich die Situation schwieriger dar. Einerseits richtet sich PR der katholische Kirche als Mitgliederorganisation an ihre eigenen Mitglieder, aber nach eigenem Selbstverständnis eben auch an alle anderen Menschen und auch von diesen werden Forderungen an sie gestellt. So ist es problematisch, dass *„Erwartungen an Dialog und Erneuerungsprozess natürlich äußerst heterogen sind. Die reichen von sehr weitgehenden Reformforderungen vieler Christen, nicht nur Katholiken, auch von außen wird da sehr vieles herangetragen, bis hin natürlich in das Spektrum sehr konservativer Gläubiger, die natürlich vollkommen*

---

[486] I 6. S.3.
[487] I 3. S.5.
[488] I 13. S.3f.

gegensätzliche Erwartungen haben."[489] Eine homogene Teilöffentlichkeit ist also nicht auszumachen, sondern vielmehr ein sehr unterschiedliches Feld an Stakeholdern.[490] Diese unterschiedlichen Ansprüche, die von unterschiedlichen Gruppen an die katholische Kirche und damit auch an die Bistümer als Ort des Dialogs gestellt werden, gehen über das hinaus, was die VÖA abdeckt. In ihr ist es schlichtweg nicht vorgesehen, dass PR es mit verschiedenen Gruppen mit dermaßen verschiedenen Interessen, Einstellungen und Werturteilen zu tun hat. Zwischen solchen verschiedenen Gruppen wäre eher ein eigener Diskurs nötig. Ein solcher Diskurs zwischen verschiedenen Gruppen entspricht zwar dem Kommunikationsmodell der symmetrischen PR nach Gruning und Hunt, aber die Lösung wie genau PR mit dieser Situation umgehen soll bietet das VÖA Konzept nicht.

Hier fehlt der Theorie eine Weiterentwicklung. Ein Ansatz dazu böte die Verbindung mit der Stakeholdertheorie, die auch weniger organisierte und in ihren Ansprüchen an eine Organisation unterschiedlichen Gruppen berücksichtigt. Dies wäre auch besser geeignet, um auf Verständigung und Dialog abzielende PR in einer zunehmend pluralistischer werdenden Gesellschaft zu betreiben, in der auch durch Social Media völlig neue Formen des Dialogs möglich sind.

6.5. Social Media in den Bistümern

6.5.1. Social Media Einsatz

Von den 16 Bistümern, die an dieser Untersuchung teilnahmen, wird in 11 Social Media permanent in der PR eingesetzt. Dabei sind Facebook und Twitter inzwischen zum Standard geworden und werden von all diesen 11 Bistümern eingesetzt. Facebook nimmt dabei die bedeutendere Rolle ein, da es dort die größere Nutzernachfrage gibt. 9 nutzen darüber hinaus eine Videoplattform. Diese ist in 7 Fällen Youtube, in einem Fall Youtube und Vimeo und in einem Fall eine andere Plattform. Ein Bistum verfügt über eine eigene Medien- und Videoplattform mit eigener technischer Infrastruktur. Dieses Bistum verfügt darüber hinaus über weitere eigene Internetplattformen, wie sie in keinem anderen Bistum vorkommen. Als Fotoplattform wird in 2 Bistümern Flickr eingesetzt. Ein Bistum verfügt über ein eigenes offizielles Blog, in einem Bistum werden Blogs für einzelne Kampagnen eingesetzt und der Bischof eines Bistums bloggt gelegentlich an anderer Stelle. Google+ wird noch nicht aktiv genutzt. Jedoch verfügen 2 Bistümer bereits über einen Account. Apps für Smartphones werden von 2 Bistümern eingesetzt.

---

[489] I 15. S.3.

[490] Wobei sich natürlich eine spezifische Teilöffentlichkeit in Form einer Encounteröffentlichkeit im klassischen Verständnis unter den Teilnehmern einer Diskussion herausbildet, ohne das jedoch eine gemeinsame Organisation stattfindet um mit einem identischen Problem umzugehen.

In 2 Bistümern, in denen Social Media nicht offiziell und permanent in der PR eingesetzt wurde, gibt es Sonderformen der Nutzung. In einem Fall unterstützte die PR ein Projekt der Jugendabteilung, bei dem auch Facebook eingesetzt wurde, und in einem zweiten Fall wird Facebook von der Onlineredaktion des Bistums in besonderer Weise eingesetzt.

Der Beginn des Social Media Einsatzes ist in den Bistümern jeweils verschieden. Der erste Youtube Kanal wurde bereits 2008 eröffnet, während und Twitter und Facebook in den letzten beiden Jahren an Bedeutung gewonnen haben.

6.5.2. Motivation

Warum wird in der PR der Bistümer überhaupt Social Media eingesetzt? *„Also sicherlich ist einer der Hintergedanken, dem Trend der Zeit zu folgen"*[491] Darüber hinaus gibt es aber verschiedene Ziele, die mit dem Social Media Einsatz erreicht werden sollen. So wird die eigene Präsenz auf Social Media als Möglichkeit gesehen, ein positives Image des eigenen Bistums zu vermitteln. Die Notwendigkeit, in Social Media aktiv zu sein, wird dadurch begründet, dass *„wir als Kirche überall da sein möchten, wo die Menschen sind. Und wir registriert haben, dass sich immer mehr Menschen in diesem Bereich Social Media tummeln."*[492] Dem Umstand, dass Social Media Nutzung sich immer mehr verbreitet und immer mehr Zeit der Onlinenutzung einnimmt, wird hier deshalb Rechnung getragen. Es geht also darum, seine Zielgruppe (s.u.) über Social Media zu erreichen. Was für PR der katholischen Kirche auch in soweit von Bedeutung ist, da für sie prinzipiell ja *„die ganze Welt"*[493] eine Zielgruppe darstellt und diese über Social Media besser erreicht werden kann als über eigene Medien. Darüber hinaus gibt es aber zwei wesentliche Motivationen, die hinter dem Social Media Einsatz stehen: Informationsvermittlung und Dialog.

Informationsvermittlung über Social Media bietet den Bistümern die Möglichkeit, ihre Informationen weiter zu streuen und ein breiteres Publikum zu erreichen, als es über eigene Medien, wie beispielsweise die Bistumszeitung, möglich ist. Es werden auch andere Zielgruppen, mit Social Media erreicht, was ein weiter Grund für die Nutzung ist. Gerade da Social Media inzwischen zur alltäglichen Informationsplattform vor allem junger Menschen geworden ist, macht es nach Aufassung der Befragten notwendig, dort präsent zu sein. Auch bietet Social Media die Möglichkeit, Informationen in anderer Form aufzubereiten als die klassische Presse- und Öffentlichkeitsarbeit.

---

[491] I 5. S.4.
[492] I 13. S.4.
[493] I 12. S.6.

Über die reine Informationsvermittlung hinaus ist es Ziel des Social Media Einsatzes, einen Rückkanal zu öffnen. Also *„dass (man) zu dem Mund der Verlautbarung auch das Ohr des Zuhören, dazu denkt. Das ist das Besondere an Social Media, das, was die Gemeinschaft, das Soziale an diesen Medien ist.“*[494] Es wird also der soziale Charakter von Social Media als Möglichkeit gesehen, Medien wirklich so nutzen zu können, wie es dem offiziellen Medienverständnis der katholischen Kirche entspricht. Handfester ausgedrückt, ist es also die Möglichkeit des Rückkanales durch Social Media:

„Zum einen ist das für uns 'ne gute Sache, sehr nah einfach an Stimmen und Meinungen heranzukommen und auch diesen Rückkanal zu haben; einfach mitzubekommen, was tut sich im Volke Gottes, was ist da Thema, was kommt da vielleicht auch an Kritik an Anregungen.“[495]

Darüber hinaus herrscht die Einsicht, dass diese Form der Kommunikation und Kritik auch ablaufen würde, wenn das eigene Bistum nicht auf Social Media präsent wäre. Menschen würden also *„letzten Endes auch über uns kommentieren (...) wenn wir nicht da vertreten wären. Uns ist es halt lieber, man spricht mit uns als über uns“*[496]

6.5.3. Zielgruppe

Wie oben angesprochen, spielt es beim Social Media Einsatz eine Rolle, die Menschen zu erreichen. Darüber, welche Zielgruppen erreicht werden sollen und auch erreicht werden, gibt es aber unterschiedliche Vorstellungen in verschiedenen Bistümern. Als primäre Zielgruppe gelten die jungen Internetaffinen, die über andere Medien nicht erreicht werden. Weder über die bistumseigenen Medien, wie die Bistumszeitung, noch durch über die säkularen Medien[497]. Bistumszeitungen, die als eigenständige Medien von einer eigenen Redaktion betreut werden, erreichen eher die Älteren, so dass es kaum Bezug zwischen Social Media und den Bistumszeitungen gibt.

Andere Bistümer beschränken ihre Zielgruppe nicht nur auf junge Menschen *„Von der Wiege bis zu Bahre sind wir ja auch kompetent und darüber hinaus auch noch fürs ewige Leben“*[498]

Zum Bereich des ewigen Lebens hat die PR zwar keinen Zugriff, aber dass es durchaus Menschen in einer Lebensphase zwischen Jugend und Tod gibt, die Social Media nutzen

---

[494] I 11. S. 4.
[495] I 8. S.3.
[496] I 8. S.3.
[497] Gerade weil die Menschen den Großteil ihrer Informationen über religiöse und kirchliche Themen aus der säkularen Medien beziehen, aber gerade von jüngeren z.B. Zeitungen weniger rezipiert werden, bietet Social Media hier die Chance eines Ausgleichs.
[498] I 13. S.5.

und als Zielgruppe in Frage kommen, haben bereits einige PR-Schaffende verstanden. Zum Teil wird wahrgenommen, dass besonders Facebook verstärkt von Älteren genutzt wird. Um festzustellen, ob man auch Ältere erreicht, wäre es natürlich notwendig, eine Analyse der jeweiligen Fanstruktur zu machen. Auf jeden Fall zeigt die Entwicklung der Altersstruktur der Social Media Nutzer, dass eine einseitige Auslegung des Angebots auf Jugendliche nicht mehr zur Realität passt und sich dieser Trend in Zukunft vermutlich verstärken wird. In einem Bistum hat dieser Trend inzwischen sogar dazu geführt, dass darüber nachgedacht wird, ob man sein Social Media Angebot nicht erweitern oder aufteilen müsste, um unterschiedliche Zielgruppen jeweils verschieden anzusprechen.

Darüber, ob Social Media dafür geeignet sei, neben kirchennahen auch kirchenferne Menschen zu erreichen, herrscht ebenfalls Uneinigkeit unter den Befragten. Denn von ihrer Struktur her ist bspw. eine Facebook-Seite eine Fanseite, bei der der Schritt für die der Kirche- bzw. dem Bistum-Fernstehenden ein größerer wäre, sich damit zu vernetzen. Auch ist das, was über Social Media an Inhalt verbreitet wird – so die Meinung einiger PR-Schaffender – oft eher uninteressant für die Kirchenfernen. Genau an diesem Punkt, sehen andere PR-Schaffende aber eine Chance eben doch Kirchenferne zu erreichen, da die Hürde, an Informationen zu kommen, über Social Media eben niedriger sei. Wer keinerlei Bezug mehr zur Kirche habe, sei zwar nicht zu erreichen, wer aber noch einen geringen Bezug habe, könne in Social Media in seinem natürlichen Kommunikationsumfeld erreicht werden. Zumal es in Social Media durch die Möglichkeit über Funktionen des Teilens und Weiterleitens immer die Chance gibt, auch andere Nutzer zu erreichen als nur die eigenen Fans oder Follower.

Für die Kommunikation mit hauptamtlichen Mitarbeitern wird Social Media nicht bewusst eingesetzt. Interna werden nicht über diese Kanäle verbreitet. Dafür gibt es in der Regel Medien wie Intranet oder Newsletter, wobei hier die Schwierigkeit der Eingrenzung der Mitarbeiterschaft besteht. Da für ein Bistum einerseits direkt die Mitarbeiter der Verwaltung bzw. des bischöflichen Ordinariats tätig sind und andererseits eine Vielzahl von Mitarbeiter in verschiedenen Einrichtungen arbeiten, lassen sich hier schwer allgemeingültige Aussagen machen.

Was ehrenamtliche Mitarbeiter angeht, ist die Situation eine andere. Unter diesen gibt es auch viele, die in das Raster der Internetaffinen passen und sich damit als Zielgruppe qualifizieren. Auch seien junge Ehrenamtliche nicht unbedingt Leser der Bistumszeitung oder über andere Medien zu erreichen, weswegen es wichtig sei, gerade sie über Social Media zu erreichen.

Social Media Nutzung speziell für die interne Kommunikation bzw. für Kommunikation mit Stakeholdern innerhalb der Strukturen eines Bistums gibt es bisher also wenig. Einzelbeispiele zeigen aber, dass Social Media hier Möglichkeiten bietet. So wird in einem Bistum ein Großteil der Kommunikation mit Teilnehmern des Freiwilligen Sozialen Jahres in den Einrichtungen des Bistums über Facebook geführt. In einem anderen Fall wird Facebook dazu genutzt, mit Redakteuren, des vom Bistums bereitgestellten CMS zu kommunizieren und einen Wissenstransfer zu ermöglichen. Zwar sind diese Anwendungsfelder nicht Gegenstand der klassischen Presse- und Öffentlichkeitsarbeit, jedoch bieten sich hier, wie die Beispiele zeigen, verschiedene Anwendungsfelder für die gesamte Unternehmens- bzw. Organisationskommunikation durch Social Media.

Eine weitere über Social Media erreichbare Zielgruppe, so zeigt sich, sind Multiplikatoren. So machte ein PR-Schaffender die Erfahrung, dass gerade über Twitter Menschen erreicht werden könnten, die das Medium beruflich für eine Organisation nutzen und im Bereich Politik tätig sind. Darüber hinaus hat es sich in einem Bistum inzwischen ergeben, dass Journalisten eine eigene Zielgruppe, sind die über Social Media erreicht wird (s.u.).

6.5.4. Kein Social Media Einsatz in der PR

In 5 der untersuchten Bistümer wird derzeit von der Presse- und Öffentlichkeitsarbeit kein Social Media dauerhaft offiziell eingesetzt. Auf den Social Media Einsatz zu verzichten, ist in erster Linie dem Fehlen von Ressourcen hierfür geschuldet.[499] Gerade in kleinen Bistümern mit schlechter personeller Ausstattung ist deswegen auch kein zukünftiger Einsatz geplant. Hier bestätigt sich die bekannte Problematik, dass das Niveau der PR in der katholischen Kirche stark von den vorhandenen Ressourcen abhängig ist.

„Weil ich denke, es ist zum Beispiel ganz schwierig, 'nen Facebook-Account zu betreiben, beispielsweise, wo Leute dann mit dir kommunizieren wollen und dir die Zeit fehlt, darauf zu antworten. Und dann denk ich, kann das unter Umständen auch zu 'nem Kontereffekt werden."[500]

Es herrscht die Einsicht, dass Facebook als Medium zur Diskussion nur dann sinnvoll eingesetzt werden kann, wenn die nötigen personellen Ressourcen vorhanden sind, um das Angebot zu pflegen. Würde bei Facebook nicht auf Anfragen von Nutzern reagiert, wäre dies in der Tat nicht zielführend für PR. Dass ein auf solchen Dialog und Interaktion setzender Social Media Einsatz sehr personalintensiv ist, zeigen die Bistümer, die es in

---

[499] Vor dem Hintergrund des Ansatzes von Ulrich Saxer PR als Innovation anzusehen, bestätigt sich hier, dass eine Ausdifferenzierung von PR (hier in Form Einsatzes von Social Media) in der Informationsgesellschaft ein ressourcenabhängiges Phänomen ist. Vgl. Kückelhaus. S.101.
[500] I 14. S.4.

diesem Sinne einsetzen. Andere Bistümer mit dünner Personaldecke haben mit der Social Media Nutzung in erster Linie zur breiteren Streuung ihrer Informationen begonnen. Ein Social Media Einsatz zu so einer Informationsverbreitung wäre also auch für personell schlecht ausgestattete Bistümer umsetzbar.

Neben dem Fehlen von Ressourcen ist ein weiterer Punkt dafür, von der Social Media Nutzung abzusehen, die Angst davor, dass sich Diskussionen entwickeln und schlimme Äußerungen gemacht werden könnten, wie sie auf den Seiten kath.net und kreuz.net[501] alltäglich sind. Diese Angst kann aber mit der Erfahrung, die bisher in den anderen Bistümern gemacht wurde, entkräftet werden, in denen es bisher nie zu einem „Shitstorm"[502] kam und Diskussionen in der Regel sachlich verlaufen. Jedoch zeigte sich auch über die Angst vor außer Kontrolle geratenden Diskussionen bei einigen PR-Schaffenden eine generelle Skepsis gegenüber Social Media. Sind solche Skeptiker in führenden Postionen, könnte das eine Erklärung dafür sein, dass Social Media nicht zum Einsatz kommt.

2 der Bistümer, die derzeit kein Social Media in der PR einsetzen, planen, das in diesem Jahr zu ändern, und wollen dort aktiv werden. Die Befragten betonten hierbei, dass es notwendig sei, dafür Konzepte zu entwickeln. Dies geschieht in diesen Bistümern derzeit. In einer ähnlichen Phase befindet sich ein weiteres Bistum, aus dem niemand zu einem Interview bereit war, aber per E-Mail folgendes mitteilte:

„Wir sind im Bereich von Social Media derzeit dabei, allererste Erfahrungen aus noch wenigen Teilbereichen und Pilotprojekten zusammenzuführen, um mögliche Konzepte und Strategien zu beraten und zu entwickeln. Wir sind grundsätzlich der Überzeugung, dass es gut und richtig ist, sich im Web 2.0 zu bewegen und die breite Öffentlichkeit zu suchen, nach der Devise: dahin gehen, wo die Menschen sind."

Es zeigt sich also, dass zunehmend Bistümer, die derzeit kein Social Media nutzen, aber den Willen und die Ressourcen haben, dies zu ändern, in diesem Jahr mit der Nutzung beginnen werden.

6.5.5. Strukturen

Was strukturelle Rahmenbedingungen der Social Media Nutzung in den Bistümern angeht, zeigt sich, dass dort noch sehr viel experimentiert wird. Wirklich schriftlich ausformulierte

---

[501] Kreuz.net ist eine „katholische", fundamentalistische bis rechtsextreme Webseite mit Kommentarfunktion. Vgl. Nonnenmann, Jonas: Gottes Vorschlaghammer. Fundamentalisten im Netz. In:.berliner-zeitung.de 28.09.2011 http://www.berliner-zeitung.de/neue-rechte/fundamentalisten-im-netz-gottes-vorschlaghammer,10911114,10911680.html (Abruf: 22.01.2012).

[502] Eine Welle der Empörung, die von unsachlicher Kritik geprägt ist.

Social Media Konzepte finden sich in den Bistümern bisher kaum. In der Regel gibt es Vorüberlegungen und grobe Pläne wie Social Media genutzt werden sollen. Einbindungen in ein Gesamt-PR-Konzept gibt es deswegen noch nicht in konkreter Form.

Vieles, was derzeit im Bereich Social Media gemacht wird, entsteht eher aus der Praxis und aus bereits gemachten Erfahrungen heraus, was von den Befragten auch als Vorteil angesehen wird, da es so leichter fällt, sich an die immer wieder auftretenden Veränderungen in Social Media anzupassen. Bei Guidelines sind die Bistümer bereits weiter. Ein Bistum verfügt über ausformulierte Guidelines, die auch öffentlich zugänglich und auf der Bistumswebseite downloadbar sind. In mehreren anderen Bistümern sind Guidelines in der Entwicklung. Ferner wird gerade auf Ebene der DBK an Guidelines gearbeitet und diese könnten dann von den Bistümern in dieser Form oder in überarbeiteter Form übernommen werden. Deswegen warten einzelne Bistümer diese Guidelines ab, bevor sie eigene entwickeln.

Zum Teil sind Social Media Aktivitäten in den Bistümern nicht Top Down auf Anordnung der Bistumsleitung entstanden, sondern verdanken ihre Existenz dem Engagement einzelner Mitarbeiter, die den Anstoß gaben, in diesem Bereich aktiv zu werden. Jedoch sind die Social Media Aktivitäten, wenn sei betrieben werden, von Seiten der Bistumsleitung abgesegnet, da bei dieser die letztliche Verantwortung für alle PR-Aktionen liegt. Oftmals ist diese letztliche Verantwortung und die Zustimmung dazu, dass Social Media genutzt wird, die einzige Form der Beteiligung der Bistumsleitung an Social Media. Und in der Regel heißt es deshalb: *„Und weil noch nichts schief gegangen ist, lässt man die jungen Leute in der Pressestelle gewähren."*[503] und *„Die Bistumsleitung weiß davon, sie hat sich auch offiziell dafür entschieden, auf Facebook aufzutauchen, aber involviert ist sie persönlich zu null Prozent."*[504] Indessen gibt es auch den andere Fall, dass die Bistumsleitung aktiv den Einsatz von Social Media vorantriebt: *„Und gerade im Erzbistum haben wir die Bistumsleitung, an der Spitze den Generalvikar, der deutlich sagt, wir spielen auf jeden Fall vorne mit. Und wenn wir dem Papst auch folgen wollen und die Medien nutzen wollen, um die Botschaft zu den Menschen zu bringen, dann müssen wir besonders auch die neuen Medien nutzen."*[505] Strukturell verankerte aktive Einbindung der Bistumsleitung in Social Media gibt es in drei Bistümern, in denen der Bischof in einem Blog aktiv ist oder über eine eigene Plattform an ihn gestellte Fragen beantwortet (s.u.). In einem Bistum gibt es darüber hinaus eine aktive Einbindung des Generalvikars, der sich

---

[503] I 16. S.7.
[504] I 5. S.6.
[505] I 3. S.11.

regelmäßig an Debatten beteiligt und seine Position einbringt. Ansonsten gibt es in verschiedenen Bistümern erste Heranführung der Bistumsleitung an Social Media in der Form, dass ihr über die Social Media Aktivitäten durch die PR-Schaffenden berichtet wird oder dass dieser über das Social Media Monitoring Einblick bekommen. Der geringe Grad der Beteiligung der Bistumsleitung ist als großes Manko in der Social Media Nutzung der Bistümer zu sehen, gerade weil Einbindung der Organisationsleitung sich positiv auf Social Media Aktivitäten einer Organisation auswirkt. Zum von Pleil konstatierten fehlenden PR-Verständnis in vielen NPOs käme, so vermutlich im Falle der Bistümer in Deutschland, noch ein fehlendes Social Media Verständnis hinzu, was Grund für fehlende Beteiligung sein könnte. Prinzipiell ist aktive, persönliche Beteiligung der Bistumsleitung an Social Media oder an dort stattfindenden Diskussionen keine Bedingung dafür, dass eine VÖA erfolgreich abläuft. Dialog kann von den PR-Schaffenden in deren Auftrag geführt werden. Allerdings ist es von elementarer Bedeutung, dass die Leitung über etwaige Diskussionen (oder, falls sie zustande kommen Diskurse) informiert ist. Denn nur aus einer solchen Situationsdefinition kann sie konkrete Handlungspläne entwickeln. Eine uninformierte Leitung ist dazu nicht in der Lage, was ein entscheidender Nachteil für eine VÖA wäre. Deshalb sind die Bistümer, in denen die PR der Bistumsleitung Einblick in Social Media gibt, näher am Ideal einer VÖA.

Da im Social Web Diskussionen aber nicht nur auf der eigenen Facebook-Pinnwand, sondern auch dezentral stattfinden können, ist Social Media Monitoring von großer Bedeutung für eine Situationsdefinition. In diesem Bereich sind die meisten Bistümer noch nicht sehr weit entwickelt. Ein Bistum übertrifft die anderen hier in der Weise, dass es mit meltwater bereits einen externen Dienstleister für Social Media Monitoring engagiert hatte. Inzwischen wird dieser Dienst nicht mehr in Anspruch genommen und es ist stattdessen ein freier Mitarbeiter dafür zuständig, einen monatlichen Bericht zu erstellen. Beides lässt auf eine gute finanzielle Ausstattung des Bistums schließen. Ein weiteres Bistum nutzt ein Onlinetool zum Social Media Monitoring. Auch gibt es manuelles Monitoring, bei dem Social Media Aktivitäten von Organisationen, Verbänden und kirchliche Gruppierungen und besonders von anderen Bistümern beobachtet werden. Den Erfolg der eigenen Social Media Maßnahmen messen die Bistümer in der Regel quantitative in Form dadurch, dass Follower, Fans und Kommentare gezählt werden, wozu zum Beispiel Facebook ein eigenes Statistik-Tool anbietet. PR-Schaffende in besonders Social Media aktiven Bistümern betonen aber darüber hinaus, dass der Erfolg auch dadurch gemessen werde, wie viel Interaktion und Dialog tatsächlich zustande komme.

Auch wenn es sich um kein strategisches Monitoring handelt, besteht dadurch für die Bistümer die Möglichkeit der Vernetzung untereinander. Dies kann einerseits für einen Informationsfluss sorgen und bietet außerdem die Möglichkeit, Synergien zu nutzen, indem man Inhalte anderer Bistümer teilt. Die Vernetzung untereinander spielt für bei der Social Media Nutzung von PR-Schaffenden neben der Organisationsebene auch auf der persönlichen Ebene eine Rolle. So wird Social Media in Form einer Gruppe auf Facebook von Menschen, die im Bereich Kirche und Social Media aktiv sind, genutzt, um Erfahrungen auszutauschen und neue Impulse zu bekommen. Diese informellen Strukturen zeigen wie Social Media zum Wissenstranfer innerhalb der katholischen Kirche eingesetzt werden kann. Jedoch ist dieser Wissenstransfer in gewisser Weise autopoetisch, da Social Media Aktive sich in Social Media über Social Media austauschen. PR-Schaffende von Bistümern, die noch nicht in Social Media aktiv sind und es selber nicht nutzen, können so auf dieses Wissen nicht zugreifen. Jedoch existieren auch Veranstaltungen im „real life" die Social Media Nutzung in kirchlichen Umfeld behandeln.

Prinzipiell hängen Social Media Aktivitäten oftmals davon ab, dass Ressourcen für die Pflege vorhanden sind. In einem Bistum wurden in großem Umfang Ressourcen dafür zur Verfügung gestellt. In einem weiteren wird in diesem Jahr eine eigene Arbeitskraft eingestellt, die Social Media betreuen soll. In den anderen Bistümern ist Social Media noch eine zusätzliche Aufgabe, für die nicht direkt Ressourcen verschoben wurden. Jedoch erfolgten in mehreren Bistümer in den letzten Jahren Neustrukturierungsprozesse in der PR-Arbeit. In diesen wurden zum Teil Stellen geschaffen, die jetzt auch verstärkt für Social Media zuständig sind. Natürlich erfordert der Social Media Einsatz die Ressource Zeit. Gerade für ein besonders aktives Bistum ist der Arbeitsaufwand für Social Media sehr groß und wurde von Befragten mit 15 bis 30 Prozent der Arbeitszeit angegeben. In einem Fall wurde der Aufwand sogar mit einer halben Stelle beziffert. Dies ist freilich nur möglich, wenn die zuständige Abteilung über eine entsprechende Größe verfügt. In kleineren Bistümern mit weniger Social Media Aktivität wird der Zeitaufwand eher mit maximal 30 Minuten täglich beziffert. Ein PR-Schaffender, der eine Stunde täglich für Social Media nutzte, gab an, dass diese Zeit nicht ausreichend sei. Generell ist der Zeitaufwand, der für Social Media benötigt wird, schwer zu messen und beträgt *„zwischen wenigen Minuten und 24 Stunden am Tag"*[506]. Die Beobachtung der eigenen Kanäle ist eine Arbeit, die parallel zu den sonstigen Aufgaben geleistet werden muss. Es wird in besonders Social Media aktiven Bistümern davon ausgegangen, dass Social Media keine Öffnungszeiten

---

[506] I 11. S.7.

habe. So beobachten die PR-Schaffenden in diesen Bistümern den Social Media Auftritt des Bistums und reagieren auf Anfragen, auch wenn sie außerhalb der Arbeitszeit oder am Wochenende passieren.

„Aber es ist nicht so, dass wir nur von 8 bis 5 am Freitag diese Kanäle betreuen. Im Auge haben wir die immer. 24/7 sozusagen. Und wenn die Situation zulässt, beantworten wir auch Sonntag abends auch Anfragen."[507]

Die Bereitschaft dazu ist aber noch nicht bei den Mitarbeitern aller Bistümer gleich vorhanden. So gibt es auch Bistümer, in denen nur während der Arbeitszeit auf Social Media reagiert wird. Ein Vergleich, wie viele Mitarbeiter für Social Media zuständig sind, fällt wegen der unterschiedlichen Größen der Abteilungen schwer. Auch wenn in der Regel ein einzelner Mitarbeiter die Zuständigkeit für Social Media hat, gibt es Tendenzen, die ganze PR-Abteilung und auch andere Bistumsmitarbeiter für die Betreuung von Social Media einzusetzen.

6.5.6. Art der Social Media Nutzung

Bei der Art und Weise, wie die deutschen Bistümer Social Media einsetzen, herrscht eine große Vielfalt. Mitverantwortlich dafür dürfte neben der Vielfalt der Möglichkeiten, die Social Media bietet, auch die bekannte Tatsache sein, dass es viele verschiedene Systeme der Presse- und Öffentlichkeitsarbeit in den föderal strukturierten Bistümern gibt. Darüber hinaus lässt sich erkennen, dass es verschiedene Entwicklungsstadien der Social Media Nutzung gibt, denen sich verschiedene Typen zuweisen lassen. Niedrigste Stufe der Entwicklung stellt dabei die Social Media Nutzung dar, die keine offizielles PR-Instrument ist, aber dazu dienen kann, Erfahrungen auf dem Gebiet zu sammeln. Hier ist einerseits das Bistum zu nennen, in dem Facebook eingesetzt wird, um mit den Redakteuren seines CMS zu kommunizieren. Das CMS wird von Seiten des Bistums z.B. Pfarrgemeinden, zur Verfügung gestellt. Der zuständige Onlineredakteur verbreitet übe eine Facebook Seite Informationen an die CMS-Nutzer. In einem anderen Bistum wurde Facebook kampagnenbegleitend eingesetzt, während einer Aktion die in Verantwortung der Jugendabteilung des Bistums lag. In beiden ihrer Art nach sehr verschiedenen Fällen wurden positive Erfahrungen mit dem Social Media Einsatz gemacht.

In einigen Bistümern ist die Social Media Nutzung zur Informationsverbreitung derzeit gängige Arbeitspraxis. In diesen Bistümern wird über Facebook und Twitter PR im Sinne einer Informationstätigkeit nach Gruning und Hunt betrieben. Damit zeigen die Bistümer

---

[507] I 8. S.7.

in der Art und Weise, wie sie Social Media nutzen, ein Vorgehen, wie es auch außerhalb von Social Media typisch ist für NPOs. Im konkreten Social Media Einsatz hat Facebook mehr Bedeutung als Twitter. Wirklich eigene Inhalte werden hier nicht für Social Media produziert. Den Großteil der Nutzung macht der Verweis auf das eigene Angebot der Webseite aus, welches einen höheren Stellenwert hat als Social Media. Social Media „wird benutzt als Kanal zur Verbreitung der eigenen Produkte. Mehr aber eigentlich nicht. Ist ein erweiterter Vertriebskanal"[508] oder „ein Nebenprodukt einer Sache, die sowieso läuft"[509] und ist im Verhältnis „zur Webseite (...) ein Instrument, um Traffic zu generieren."[510] In Einzelfällen gibt es aber Inhalte, die sich nicht auf die eigene Webseite beziehen. Es sind Nachrichten bspw. aus dem Bistum oder der katholischen Kirche, Hinweise auf Veranstaltungen, Buch- oder Filmtipps. Von der Möglichkeit, auf andere Webseiten als die eigene zu verlinken, wird ebenfalls Gebrauch gemacht. Hier sind besonders Webseiten andere kirchlicher Organisationen und auch Nachrichtenseiten von Bedeutung, wobei diese Praxis nicht überall gleich stark ausgeprägt ist. In Bistümern, die Social Media eher zur Informationstätigkeit nutzen, ist Facebook wichtigstes Kommunikitonsmittel. Twitter wird eher automatisiert mit Meldungen bestückt oder auch nur phasenweise genutzt.

Da Videoportale vom eigenen Content leben, ist deren Nutzung hier auch nicht besonders verbreitet. In einem Bistum wird Youtube zur Zweitverwertung von Inhalten genutzt, die von der Fernsehredaktion produziert wurden und ist damit auch ein zusätzlicher Vertriebskanal.[511] Hervorzuheben ist in diesem Bereich ein Bistum, das im Zuge der Pfarrgemeinderatswahlen Videos produzieren ließ, in denen „Leute von ihrem Engagement in den Pfarrgemeinden, von ihrer Arbeit in den Pfarrgemeinderäten berichten und dazu aufrufen, dass man sich einerseits an der Wahl beteiligt und zweitens gegebenenfalls auch darüber nachdenkt, sich aufstellen zu lassen."[512]

Eine andere Gruppe von Bistümern nutzt Social Media intensiver und eben nicht „als banale Linkschleuder"[513]. Social Media wird hier in größerem Umfang eingesetzt und es wird versucht, einen Mehrwert durch Social Media zu schaffen. Zwar gibt es auch hier Verweise auf Inhalte der eigenen Webseite und fremde Webseiten, wie z.B. lokale Nachrichtenseiten. Darüber hinaus ist der Social Media Einsatz aber vielfältiger. So gibt es zwei Bistümer, die Twitter nicht als Nachrichtenmedium einsetzen, sondern spirituelle

---

[508] I 5. S.8.
[509] I 16. S. 5.
[510] I 4. S.5.
[511] Ähnlich wird mit Beiträgen der Radioredaktion verfahren, die als Audio „Podcast" zu Verfügung gestellt werden.
[512] I 1. S.2.
[513] I 8. S.4.

Botschaften darüber verbreiten. Eines dieser Bistümer hat daneben einen *„klassischen Twitter Account (...) mit den offizielle Infos"*[514], wie es gängige Praxis in den Bistümern ist. Besondere Formen der Twitter-Nutzung finden sich auch in anderen Bistümern, die dort mit speziellen Ansätzen der Social Media Nutzung einhergehen. So ist in einem Bistum der Ansatz folgender: *„Unsere Idee, sowohl bei Twitter als auch bei Facebook. ist, die Nutzer einfach (...) an die Hand zu nehmen und sie mit durch den Alltag in einem Bistum zu nehmen."*[515] So nutze der Pressesprecher dieses Bistums während des Besuchs von Papst Benedikt XVI. sein Smartphone, um live aus dem inneren Sicherheitsbereich mit Fotos und der Beschreibung seiner Eindrücke zu berichten. Auch sonst wird Twitter hier als Livemedium genutzt werden und es bspw. Fernsehauftritte des Bischofs auf Twitter begleitet. Ferner wird versucht, Botschaften von Predigten des Bischofs auf ein paar Tweets *„einzudampfen"*[516]. Der Versuch über, Social Media einen Einblick in die Arbeit des Bistums zu ermöglichen, wurde auch noch in einer anderen Aktion aufgegriffen. Und zwar wurden während der Adventszeit verschiedenen Menschen vorgestellt, die Mitarbeiter des Bistums sind oder einen besonderen Bezug dazu haben. Vor dem Hintergrund der VÖA ist diese Nutzung von Social Media als besondere Form der Information zu sehen, da hier ein Einblick in das Bistum ermöglicht wird, wie er in der klassischen Pressearbeit nicht üblich ist. Vor dem Hintergrund, dass viele PR-Schaffende mangelndes Wissen über die Kirche in der Gesellschaft als mit ursächlich für einen Vertrauensverlust sehen, zeigt sich hier eine Möglichkeit, in kleinem Maße gegenzusteuern. Flickr wird von diesem Bistum zum Verbreiten von Fotos verwendet, vor dem Hintergrund, dass diese Plattform es Nutzern einfacher macht, die Bilder in ihrem eigenen Netzwerk weiterzuverbreiten. Auch werden für Youtube eigene Videos produziert. Passend dazu ist, dass, wie im Falle des Papstbesuchs, mittels Smartphone berichtet wurde, besitzt dieses Bistum auch eine eigenen Smartphone-App mit Infos aus dem Bistum. Zusätzlich zu den oben erwähnten offiziellen Social Media Kanälen gibt es im Bistum den Fall, dass Social Media *„angebots- oder eventorientiert genutzt"*[517] wird. So wurden z.B. Facebook und ein Blog während des Weltjugendtags in Madrid eingesetzt.

Diese Social Media Nutzung zu besonderen Anlässen oder Angeboten ist auch in zwei weiteren Bistümern die Regel. So nutzt der Bischof eines Bistums ein Blog, um im konkreten Fall von einer Auslandsreise aus zu bloggen, während dies im Alltag nicht die

---

[514] I 13. S.4.
[515] I 2. S.5.
[516] I 2. S.4.
[517] I 2. S. 4.

Regel ist. In einem anderen Bistum gab es zum Anlass des Weltjugendtags eine eigene Facebookseite. Diese wurde jedoch nicht alleine von dem Bistum betreut, sondern in Kooperation mit den europäischen Nachbarbistümern dieses Bistums. Darüber hinaus existieren zur großen Wallfahrt dieses Bistum, eine eigene Facebookseite, ein Twitter Account und ein Youtube-Kanal. Für Youtube werden eigene Videos produziert. Als Backup wird das Videoangebot von Vimeo genutzt, da dies es ermöglicht, längere Videos hochzuladen, und dem Nutzer die Chance bietet, die Videos bequem herunterzuladen. Prinzipiell zeigen Bistümer, die in Social Media aktiver sind, eine ausdifferenzierte Nutzung der verschiedenen Plattformen.

Ein weiteres Bistum mit einer besonderen Social Media Nutzung ist dasjenige, dass über einen eigenen, permanent gepflegten Blog verfügt. In diesem bloggt nicht nur der Bischof regelmäßig, sondern auch andere Personen. Damit wird das Ziel verfolgt, ein breites Bild des Bistums abzubilden und das katholische Leben im Bistum präsentieren zu können. Darüber hinaus ist der Blog an sich auch ein Prestigeprojekt, da es Vorreiter in Sachen Social Media gewesen ist und hier der erste Bischof in Deutschland bloggte. Generell lässt sich feststellen, dass ein bloggender oder Social Media nutzender Bischof ein großes Potential an Personalisierung bietet, wie sie Pleil für weit entwickelte Internet-PR konstatiert. Diese Personalisierung findet sich aber bisher nur in Ansätzen in den deutschen Bistümern.

Ein Bistum sticht unter den anderen Bistümern mit seinem Social Media Einsatz hervor. Hier gibt es von Seiten der Bistumsleitung einen klaren Auftrag, Social Media zu nutzen, und die Art der Nutzung unterscheidet sich stark von der der anderen Bistümer. Denn es setzt neben Facebook und Twitter sehr stark auf eigene Angebote, die in dieser Form nicht in anderen Bistümern vorhanden sind. So existiert dort ein eigenes Medienportal, das auf einem eigenen Server betrieben wird und dem Bistum, aber auch anderen Internetnutzern die Möglichkeit gibt, Videos hochzuladen, zu kommentieren und auf anderen Webseiten einzubinden. Es bietet also Möglichkeiten, User Generated Content zu verbreiten, einen Rückkanal durch die Kommentarfunktion und die Social Media typische Möglichkeit der Vernetzung. Dazu kommt der Vorteil, dass ein eigenes Angebot selber ohne Einschränkungen oder Vorgaben des Betreibers administriert werden kann. Letzten Endes lässt sich feststellen: *„medientube ist YouTube auf katholisch"*[518], was jedoch mehr Ressourcen benötigt als die Nutzung anderer Anbieter. Ein weiteres spezielles Angebot dieses Bistums ist eine Geodatenbank mit GPS-Daten aus dem Bistum. Dieses Angebot

---

[518] I 3. S.1.

fällt per se zwar nicht in den Bereich Social Media, aber da Nutzer aber die Möglichkeit haben, selber Daten hochzuladen, ist hier eine Form des User generated Content gegeben, zumal ortsbasierte Dienste in Zukunft eine wichtigere Rolle für Social Media spielen könnten und hier ein Bistum bereits Erfahrungen sammelt. Auch lässt die Existenz einer solchen Geodatenbank Rückschlüsse auf eine gute finanzielle Ausstattung des Bistums zu. Interessanter vor dem Hintergrund der VÖA sind zwei andere Angebote dieses Bistums, die es diesem neben der Nutzung von Facebook ermöglichen sollen „nicht nur Dialog zu predigen, sondern auch im Dialog einzusteigen."[519] So besitzt die offizielle Webseite des Bistums eine Kommentarfunktion. Die Kommentare der Nutzer werden gegengelesen und dann freigeschaltet. Dieser Schritt ist eine Art Transformation der klassischen Webseite als Mittel der Einwegkommunikation hin zu Social Media, da die Kommentarfunktion eine Urform des Rückkanals ist, wie man sie aus Blogs kennt. Auch besteht hier der Vorteil, eine gewisse Kontrolle zu haben, da das Angebot selber administriert wird. Ferner besteht Rückschlussmöglichkeit auf eine gute Ausstattung mit Ressourcen, da das Lesen der Kommentare mit Aufwand verbunden ist. Die Möglichkeit, über eine solche Kommentarfunktion eine Form des Dialogs im Sinne der VÖA zu führen, existiert. Hier wird der Ort des Dialogs nicht in eine Social Network oder eine eigene Plattform verlagert, sondern kann dort stattfinden, wo auch die Information verbreitet wird. Hier wird dem Wunsch der Nutzer, einen Rückkanal auf kirchlichen Webseiten zu haben, zwar entsprochen, aber inwieweit sich die Nutzergewohnheiten seit Koppers Studie 2007 verändert haben, ist nicht klar. Gerade aber weil PR-Schaffende aus anderen Bistümern als Grund für ihre Präsenz im Social Web angeben, dort sein zu wollen wo die Nutzer sind, besteht hier die Frage, wer mit einer solchen Kommentarfunktion erreicht wird. Da die Funktion zum Zeitpunkt des Interviews noch nicht freigeschaltet war, lässt sich aber noch keine Aussage darüber treffen in wie weit diese von Nutzern angenommen wird. Ein Nachteil der Kommentarfunktion auf der eigenen Webseite im Vergleich zu derer in sozialen Netzwerken ist, dass hier Nutzer nicht in einem Kommunikationsraum angesprochen werden, in dem sie sich natürlich und täglich bewegen, wie es in sozialen Netzwerken der Fall ist. Dem gegenüber steht der Vorteil, dass mit einer Webseite alle Internetnutzer erreicht werden können und nicht nur die, die in einem speziellen Social Network wie Facebook angemeldet sind.

Neben der Kommentarfunktion auf der eigenen Webseite existiert noch ein anderes Angebot. Dieses ist der Form nach ein Online-Dialog als interaktive Auseinandersetzung,

---

[519] I 3. S.4.

wie Burkart ihn für die VÖA als möglich und sinnvoll beschrieb. Auf einer Plattform können Nutzer dem Kardinal Fragen stellen. Diese Fragen werden öffentlich zugänglich gemacht und die Nutzer stimmen darüber ab, welche der Fragen vom Kardinal beantwortet werden soll. Jeweils alle zwei Wochen geschieht dies dann. Die Nutzer werden also in zweifacher Weise eingebunden und es besteht neben der Möglichkeit, eine Frage zu publizieren, die Social Media typische Funktion des Bewerten und Filterns. Auch wird durch diese Art der Einbindung der Bistumsleitung ein extrem hohes Maß an Personalisierung geschaffen, was nach Pleil Kennzeichen einer weit entwickelten Online-PR ist. Der Interviewpartner bestätigte, dass dieses Angebot habe *„die Augen geöffnet wo denn so der Schuh drückt im Bistum"*[520]. Hier wird deutlich, dass diese direkte Einbindung der Bistumsführung wirkliche Handlungsoptionen, die sich aus einer Situationsdefinition ergeben können, überhaupt erst ermöglichen. Zusammen mit anderen Social Media Anwendungen kann dieses Portal einen großen Beitrag leisten für eine Social Media Nutzung im Sinne der VÖA. Denn hier findet ein Kommuniktionsfluss aus und eine Rückkopplung mit der Öffentlichkeit statt, die es ermöglicht, auf Probleme aufmerksam zu machen, die in routinierten Abläufen des Bistums übersehen werden können. Als institutionalisiertes Verfahren entspricht die Plattform auch stark dem habermas'schen Diskursprinzip.[521] Das Portal an sich ist aber prinzipiell von seiner Funktionalität her nicht idealtypisch für eine VÖA-Diskussion. Denn es folgt auf eine Frage nur eine Antwort, so dass keine Diskussion entsteht. Jedoch besteht die Möglichkeit der Vernetzung der Plattform mit Facebook und Twitter, so dass eine Diskussion an anderen Orten des Social Web geführt werden kann.

6.5.7. Dialog in Social Media

Für Dialog bietet Social Media den entscheidenden Vorteil, dass jeder Nutzer dort *„auf technischer Augenhöhe (...) seine Beiträge einstellen kann."*[522] Der gepredigte Dialog auf Augenhöhe zwischen Amtskirche und Menschen kann über Social Media geführt werden, ohne dass alte Kommunikationsrollen oder Hierarchien ihn beeinträchtigen würden. Auf technischer Ebene findet also wirklich eine Annäherung an eine ideale Sprechsituation statt. Zwar bestehen beim für die Bistümer sehr bedeutsamen Facebook, Einschränkungsmöglichkeiten, die die technische Augenhöhe z.B. durch die Sperrung der

---

[520] I 3. S.5.
[521] Vgl. Nonhof, Martin: Diskurs. In: Göhler, Gerhard; Iser, Matthias; Kerner, Ina: Politische Theorie. 22 umkämpfte Begriffe zur Einführung. Wiesbaden 2004. S.69.
[522] I 11. S.4.

eigenen Pinnwand für Fremdinhalte wieder zunichte machen können. Aber theoretisch hätte jedes Bistum die Chance, den Dialog auf technischer Augenhöhe zu ermöglichen.

„Das hat sich in den letzten 2 Jahren sehr stark herausgestellt, dass das sehr viel direkter schneller und detaillierter geht als über die bisherigen Rückkanäle, Leserbrief an die Bistumszeitung, Brief an uns, E-Mail an uns. Das hat halt immer nur ein kleiner Teil der Leute gemacht. Und dann halt nur zu bestimmten Ereignissen. Das ist natürlich in Social Media oder in sozialen Medien auf den verschiedenen Plattformen, Facebook, Twitter, ist das natürlich ganz anders. Da bekommen sie halt sehr kurzfristig Rückmeldungen, sehr detailliert. Sehr direkt im Zweifel auch. "[523] Social Media bietet also wirklich einen funktionierenden Rückkanal und dieser wird von den Nutzern akzeptiert. Für die Bistümer ist es also ein Vorteil, dass es einfacher für die Nutzer ist, über Social Media Kontakt aufzunehmen als über andere, ältere Möglichkeiten der Kontaktaufnahme. Auch hat sich so die Kommunikationsgeschwindigkeit erhöht.

Findet ein Dialog durch Social Media statt, geschieht dies in den meisten Fällen auf Facebook. Inwieweit es wirklich zu einem Dialog oder gar zu Diskussionen zwischen Bistums-PR und Nutzer kommt, hängt entscheidend davon ab, wie Social Media genutzt wird. In Bistümern, in denen Facebook besonders genutzt wird, eigene Inhalte dafür aufbereitet werden und zur Diskussion aufgerufen wird, berichten PR-Schaffende darüber, dass es zu mehr Diskussion und Interaktion kommt. Bistümer, die Facebook eher als weitere Plattform für ihre Informationstätigkeit sehen, berichten hingegen von wenig Dialog mit dem Nutzer. Hierfür gibt es zwei Erklärungen. Einerseits ist es möglich, dass der extra für Social Media aufbereitete Inhalt auf mehr Interesse bei den Nutzern stößt und dies mehr zur Diskussion anregt. Andererseits ist der Grund dafür in der Technizität Facebooks zu suchen. Denn der Fan einer Seite hat die Möglichkeit, Statusupdates dieser abzubestellen. Dass er dies bei unattraktiven Inhalten tut, ist vermutlich häufiger der Fall als bei attraktivem Inhalt. Eine dialogische Besonderheit, die Facebook bietet, ist in diesem Zusammenhang der „Gefällt mir" Knopf. Diese sehr einfach Möglichkeit des Rückkanals, der mehr ein positives Feedback des Nutzers als ein Beitrag zu einer Diskussion ist, wird von PR-Schaffenden als sinnvoll dafür angesehen, zu erfahren, welche Themen und Inhalte beim Nutzer Anklang finden. Generell gaben PR-Schaffende aus verschiedenen Bistümern an, dass durchaus noch mehr Dialog mit den Nutzern erwünscht sei, als es derzeit der Fall sei. Jedoch ist geringe Beteiligung der Nutzer ein typisches Phänomen. Sowohl die Erfahrung, die Burkart mit der VÖA machte, zeigte ein geringes Interesse bei Betroffenen,

---

[523] I 8. S.3.

als auch die Social Media Praxis. So bestätigen die Aussagen der PR-Schaffenden der Bistümer den Trend, dass Social Media von Nutzer oftmals eher als Abrufmedium und weniger als echtes Partizipationsmedium gesehen wird.

Ein wichtiger Faktor dafür, dass es in Social Media überhaupt zu Diskussionen kommen kann, ist, dass auch Inhalte veröffentlicht werden, die kontrovers sind oder polarisieren. Diese Erfahrung wurde auch in dem Bistum gemacht, das mit einem eigenen Blog neben Facebook eine weitere Plattform bietet, auf der Nutzer kommentieren können. Nach eigenen Angaben der Befragten gibt es mit Ausnahme eines Bistums keine Tabuthemen, die nicht über Social Media verbreitet würden. Dies ist Grundlage dafür, Social Media im Sinne einer VÖA einzusetzen. Denn es sind die kontroversen Themen, die einer Diskussion bedürfen. Einige PR-Schaffende betonten, dass über Social Media die Möglichkeit bestehe, auf den verschiedenen Plattformen sehr viel offener zu kommunizieren, als es mit den klassischen Werkzeugen der Pressearbeit möglich sei. So besteht die Möglichkeit, kontroverse Themen, die sich nicht unbedingt als Gegenstand einer Pressemeldung eignen, dennoch auf Social Media anzusprechen. Auch sei es in Social Media möglich eine andere Sprache zu sprechen als in dieser. Ein weiterer Faktor, der das Entstehen von Diskussionen begünstigt, ist die Nutzer, aktiv dazu aufzufordern und nach ihrer Meinung zu einem Thema zu fragen. In anderen Bistümern wird diese Möglichkeit vermieden, auch vor dem Hintergrund, dass der Einstieg und die Pflege einer Diskussion mit Ressourcenaufwand verbunden ist.

„Wir sagen nicht, der Bischof hat das und das gesagt, erzählt mal, wie euch das gefällt. Also solche imitierte Debatten, das machen wir nicht. Ich weiß das von anderen, die das dann gezielt machen, aber das braucht dann auch wirklich, wirklich Pflege.“[524] Diskussion aktiv zu fördern, wäre aber wichtig für eine VÖA. Denn nur wenn eine wirkliche Diskussion zwischen PR und Teilöffentlichkeit stattfindet, kann das eigentliche Ziel der VÖA-Diskussionsphase erreicht werden, sich nicht als kommunikativ verschlossen zu präsentieren. Das Initiieren von Diskussion in Social Media durch die PR ist also eine Grundvoraussetzung für funktionierende VÖA.

In Zusammenhang damit, wird Social Media in manchen Bistümern eher als Plattform genutzt, Nutzer miteinander reden zu lassen, als mit ihnen zu reden. Es wird nur selten in die Diskussion eingegriffen, solange diese im Rahmen des Zulässigen bleibt. Ein ähnliches Phänomen zeigt sich in dem Forum, das von einem Bistum speziell für den Dialog- und Gesprächsprozess angelegt wurde. Dort wird wenig von offizieller Seite des Bistums agiert

---

[524] I 16. S.3.

und „*somit findet der Dialog also unter den kritischen Gläubigen statt*"[525], was nicht der VÖA entspricht, da das Ziel der Verständigung nur erreicht werden kann, wenn nicht durch die Organisation, bzw. ihre PR, Argumente in eine Diskussion eingebracht werden. Prüfung von Gegenargumenten ist ferner nach der VÖA alleinige Aufgabe des PR-Betreibers, also der geistlichen Leitung des Bistums. Einen Einwand, solche speziellen Fachdiskussionen, für welche dieses Forum angelegt wurde, nicht auch bei Facebook zu führen, kam von einem anderen PR-Schaffenden. Demnach werde in diesem Bistum bewusst versucht, solche Diskussion nicht auf Facebook zu führen, da mit solchen Spezialdiskussionen zwischen Menschen mit sehr starkem Bezug zu katholischen Kirche der Eindruck erweckt würde, Kirche sei eine „*geschlossene Benutzergruppe*"[526]. Diesen Eindruck wolle man aber vermeiden, da man sich an alle Nutzer wenden wolle. Hier zeigt sich ein Phänomen, das auch in anderen gesellschaftlichen Teilbereichen, wie z.B. in der Politik, anzutreffen ist. Dort bekommen besonders politisch Aktive und Interessierte mit Social Media einen zusätzlichen Kanal zur politischen Auseinandersetzung. Dieses Phänomen zeigt sich also auch im kirchlichen Rahmen. Religiös Interessierte und besonders Kirchennahe nutzen eine weitere Plattform, um aktiv zu sein. Dies bestätigt ähnliche Ergebnisse aus Koppers Untersuchung.

Ein weiterer Grund dafür, nicht in eine Diskussion bei Facebook einzusteigen, ist das Fehlen von konkreten Guidelines, wie in Social Media agiert werden soll. Denn der PRler, der in Social Media agiert, tut dies stellvertretend für die Institution seines Bistums. Das Fehlen konkreter Guidelines kann so zu Unsicherheiten bei den PR-Schaffenden führen, weil diese nicht wissen, wie sie sich verhalten sollen.

Auch für die PR-Schaffend ist überraschend, dass sich Kritik an den Bistümern bzw. der katholischen Kirche in Social Media in Grenzen hält. Von einem „*Shitstorm*", bei dem sich geballte Wut der Nutzer gegen eine Organisation im Social Web kanalisiert, blieben die Bistümer bisher alle verschont. In konkreten Krisensituationen, die über die derzeitige Gesamtsituation der katholischen Kirche hinaus gehe, wurde Social Media nur in einem Fall eingesetzt. Vor zwei Jahren, zur Zeit der Aufdeckung eines Missbrauchsskandals, wurde von einem Bistum, versucht Social Media möglichst breit zu nutzen. So wurde bspw. ein Video mit dem Generalvikar produziert, um die eigene Sicht der Dinge zu erläutern und auf Youtube veröffentlicht. Auch Twitter wurde insoweit strategisch eingesetzt, indem versucht wurde, über die Nutzung von Hashtags gezielter Informationen verbreiten zu können und Informationen weiter zu streuen, als es nur über die eigene

---

[525] I 5. S.7.
[526] I 13. S.6.

Webseite möglich gewesen wäre. Hier wurden also die Möglichkeiten, die Social Media in der Krisenkommunikation bietet, erfolgreich eingesetzt.

Die Bedeutung der Informationsverbreitung über Social Media wurde in einem ähnlichen Zusammenhang von einem PR-Schaffenden eines anderen Bistums hervorgehoben. So wird dort Social Media dann eingesetzt, wenn *„Medienmeldungen einfach falsch waren oder falsche Sachverhalten transportiere haben"*[527], da über diese Kanäle relativ schnell und einfach z.B. eine Gegendarstellung verbreitet werden kann. Hier kann von der Geschwindigkeit und dem Netzwerkeffekt von Social Media profitiert werden und kritische Situationen können entschärft werden, bevor sie, auf Grund von Falschinformationen, eskalieren, zumal über Social Media auch die Möglichkeit besteht, Journalisten zu erreichen und so einer Weiterverbreitung von Falschinformationen innerhalb der klassischen Massenmedien entgegenzuwirken.

Darüber hinaus gibt es natürlich Kritik, die ein Bistum über Social Media erreichen kann. Zwar war dies auch schon möglich, bevor es Social Media gab, da es immer die Möglichkeit gab, Kontakt zum Bistum aufzunehmen. Aber durch Social Media ist es einfacher geworden. Von den PR-Schaffenden wurde die Bedeutung von Kritik hervorgehoben, da diese, wenn sie sachlich sei, durchaus erwünscht ist. Auf unsachliche Kritik und nicht angemessene Verhaltensweisen[528], wie das permanente Posten von unsachlichen kirchenkritischen Links, werde aber nicht eingegangen. Für solche Nutzer scheint die Facebook-Pinnwand eines Bistums eher eine Ventilfunktion zu haben, als dass sie dort einen Ort für wirkliche Auseinandersetzung sehen. Die PR-Schaffenden gaben an, so etwas zu ignorieren oder gezielt auf Einzelfälle zu reagieren. Löschen von Kommentaren bspw. auf Facebook sei aber nicht die Regel. Dies erscheint auch vor dem Hintergrund der VÖA der richtige Weg zu sein, da unwahrscheinlich ist, dass ein unsachlich agierender Nutzer sich vom zwanglosen Zwang des besseren Arguments überzeugen lassen würde.

Natürlich gilt für Kritik und Diskussionen, die über Social Media geführt werden, das Gleiche, was für Diskussion und Diskurs mit der katholischen Kirche ansonsten auch gilt, nämlich dass Glaubenswahrheiten nicht diskursfähig sind. Jedoch zeigt ein konkretes Beispiel, wie Kritik, die über Social Media das Bistum erreicht im Sinne eine VÖA genutzt werden kann. So wurden in besagtem Bistum während eines Kostensenkungsprozesses

---

[527] I 2. S.7.
[528] Zu typischen Verhaltensweisen in Internetdiskussionen vgl. Schaffert, Sandra; Wieden- Bischof, Diana: Erfolgreicher Aufbau von Online-Communitys: Konzepte, Szenarien und Handlungsempfehlungen. Salzburg 2009. S.58.

viele kritische Rückmeldungen über Facebook und Twitter an das Bistum gerichtet, die dann auch eingeflossen sind. An diesem Beispiel zeigt sich deutlich, wie Social Media in einer VÖA in einem Bistum funktionieren kann. Dort, wo es um Fakten und Sachurteile geht und ein Diskurs um deren Legitimität stattfindet und nicht Glaubenswahrheiten in Frage gestellt werden, kann Social Media eine Plattform bieten, VÖA im Sinne Burkarts zu betreiben. Wichtig ist, dass in diesem konkreten Einzelfall am Ende aus dem Feedback der Nutzer, bzw. einer daraus erfolgten Situationsdefinition wirklich Handlungspläne entwickelt wurden.

6.5.8. Veränderung der Arbeit durch Social Media

Generell zeigt die Befragung, dass Social Media Einsatz die PR und die Arbeit der PR-Schaffenden verändert. Die Veränderung ist dabei davon abhängig, wie stark Social Media eingesetzt wird. Da Social Media computervermittelte Kommunikation ist, gibt es für die PRler eine weitere Aufgabe, für die sie den Computer nutzen. Darüber hinaus ist Social Media, einfach ausgedrückt, eine *„neue Komponente sozusagen der Öffentlichkeitsarbeit geworden, weil es das vorher nicht gab.“*[529] Eine wahrgenommene Veränderung ist, dass durch Social Media ein erhöhter Druck besteht, aktuell zu sein. Im Gegensatz zu Bistumswebseiten, die eher Portale sind und keine Nachrichtenseiten, muss Social Media permanent aktuell gehalten werden. Im Zusammenhang damit erfordert Social Media auch ein erhöhtes Maß an Kreativität von PR-Schaffenden, die Fähigkeit, verschiedene Social Media Angebote richtig zu nutzen und die dafür jeweils passende Sprache zu finden.

Was das Berufsbild des PR-Schaffenden angeht, ist besonders die Veränderung der eigenen Arbeitszeit hervorzuheben. Über Social Media ist 24 Stunden und 7 Tage in der Woche Interaktion möglich. Diese zu beobachten und gegebenenfalls auch außerhalb der eigenen Arbeitszeit darauf zu reagieren, ist für PR Schaffende in Social Media aktiven Bistümern selbstverständlich. Hier zeigt sich also eine neue Aufgabe des PRlers oder eine Differenzierung des Berufsbildes insofern, dass sich der „Social Media Manager“[530] als eigene Profession in der PR herausbildet, zu dessen Aufgabenbereich dann die 24/7 Betreuung von Social Media gehört. Dass ein Bistum einen eigenen Mitarbeiter für Social Media Betreuung und Weiterentwicklung einstellen will, ist ebenfalls ein Zeichen dafür.

Die vereinfachte Erreichbarkeit wird als besonders positive Veränderung durch Social Media wahrgenommen. So wird Social Media als Rückkanal von den Nutzern

---

[529] I 11 S.10.
[530] In großen Unternehmen ist dieses Berufsbild bereits verbreitet. Vgl.: n-tv.de: Neues Berufsbild: Social Media Manager. 10.10.2011 http://www.n-tv.de/ticker/Beruf/Neues-Berufsbild-Social-Media-Manager-article4495156.html (Abruf: 13.02.2012).

angenommen und liefert der PR ein Input, dass es in dieser Form und in diesem Umfang früher nicht gab. Social Media ermöglicht so wirklich die dialogische orientierte Zweiweg-PR.

Eine besondere Veränderung der PR-Arbeit zeigte sich in einem Bistum und bestätigt damit die Vermutung, dass es wahrscheinlich ist, das Social Media für die PR-Kommunikation mit der Presse ähnlich bedeutsam wird, wie E-Mail und WWW. In diesem Bistum, das Social Media sehr intensiv und schon seit 2 Jahren einsetzt, gehen inzwischen 15 bis 20 aller Presse- und Interviewanfragen über Facebook und Twitter ein. Dies setzt natürlich auch Social Media Nutzung bei den Journalisten voraus. Sollte sich diese etablieren, würde dies die Bedeutung der eigenen Social Media Präsenz von PR im Allgemeinen erhöhen. Twitter, als etabliertes Nachrichtenmedium, das auch in den Bistümern oft eher zur Nachrichtenverbreitung genutzt wird, böte hier auf Grund seiner Schnelligkeit und Einfachheit die Möglichkeit, besonders effizient auf Anfragen von Journalisten zu antworten. Und besonders könnte auch Facebook, neben seiner Eigenschaft als Zwittermedium, das sich zwecks Information und Dialog an Endnutzer richtet, zusätzlich noch die Funktion gewinnen, Informations- und Ansprechportal für Journalisten zu sein. So würde ein Medium sowohl für die Kommunikation mit dem Endnutzer als auch mit den Journalisten als vermittelnde Instanz in einem Medium gebündelt.

Wesentlicher Faktor dafür, dass dies möglich ist, stellt eine zentral gesteuerte PR in einer Abteilung dar. Denn in Bistümern, die Pressearbeit und Öffentlichkeitsarbeit organisatorisch getrennt haben, ist die Kommunikation mit Medienvertretern über Social Media nicht in dieser Form möglich, wenn Social Media von der Öffentlichkeitsarbeit betreut wird, nicht aber von der für Presseanfragen zuständigen Pressestelle.

6.5.9. Zukünftige Entwicklung von Social Media

Nach der zukünftigen Entwicklung von Social Media und der Bedeutung für PR und Kirche gefragt, antworteten die Befragten sehr eindeutig. Unabhängig davon, ob sie persönlich Social Media nutzen oder es in ihrem Bistum zum Einsatz kommt, waren die Befragten überzeugt, dass Social Media eine größere Bedeutung bekommen wird. Dabei wird die Möglichkeit gesehen, Menschen über Social Media mit Informationen zu versorgen. Darüber hinaus herrscht die Einsicht, dass eine Rückkehr zu weniger Interaktion und Vernetzung nicht möglich sein wird. Auf das Feedback der Nutzer und den Dialog mit diesen werde in Zukunft nicht verzichtet werden können. Einigkeit unter den Befragten herrscht auch darüber, dass nicht unbedingt Facebook die Zukunft dominieren werde, da die Entwicklungen in Social Media sehr schnell ablaufen.

Die Aktivitäten eines Bistums werden auch in Zukunft davon abhängen, ob Ressourcen vorhanden sind und die Bereitschaft besteht, diese für Social Media zu verwenden. Gerade in Bistümern, die bereits aktiv sind, zeichnet sich ab, dass mehr getan werden soll und mehr Ressourcen verwendet werden sollen.

Speziell für die Kirche werde Social Media auch in Zukunft von Bedeutung, *„weil Social Media für die Kirche sicherlich ein niederschwelliges Medium darstellt oder viele mediale Wege, um wieder mehr Menschen zu erreichen oder konkret mit den Menschen in Kontakt zu treten.* "[531] Für die Kirche gibt es zwei Punkte, die für zukünftige Social Media Nutzung von Bedeutung sind. Hier wird die Chance gesehen, über die PR hinaus im Bereich Seelsorge Social Media einzusetzen. Dort gibt es immer größere Seelsorgeeinheiten und Kirche ist nicht mehr wie früher an jedem Ort lokal präsent. Hier wird Social Media als Chance gesehen, Kontakt mit den Menschen aufrecht zu erhalten und auch virtuelle Räume für Spiritualität zu schaffen.[532] Allerdings wird aber auch die Auffassung vertreten, dass die persönliche Beziehung und Begegnung von Menschen eben nicht durch Social Media ersetzt werden könne.

6.5.10. Bistumstypen

Wie oben bereits angeklungen, gibt es – so zeigt es die Untersuchung – verschiedene Typen von Bistümern in Hinblick auf ihren Social Media Einsatz. Diese lassen sich auf Grund von typischen Merkmalen bilden.

6.5.10.1. Das Entwicklungsbistum

Das Entwicklungsbistum zeichnet sich dadurch aus, in Hinblick auf seinen Social Media Einsatz unter- bis gar nicht entwickelt zu sein. Hier gibt es keine permanente, offizielle Social Media Nutzung durch die Presse- und Öffentlichkeitsarbeit des Bistums. In fünf Bistümern ist dies der Fall. Jedoch gibt es in einigen dieser Bistümer erste Versuche des Social Media Einsatzes. Gründe, die in Entwicklungsbistümern dagegen sprechen, Social Media einzusetzen, sind das Fehlen von Ressourcen und Skepsis gegenüber Social Media. Mindestens zwei der Entwicklungsbistümer planen, sich in diesem Jahr weiterzuentwickeln, und wollen damit beginnen, Social Media einzusetzen.

---

[531] I 5. S.9.
[532] Als einen ersten Gehversuch kann man hier, den jüngst veranstalteten ersten Facebookgottesdienst sehen. Vgl. Caracciolo, Luca: Katholische Kirche hält Facebook-Gottesdienst ab. 2.04.2012. In: t3n.de. http://t3n.de/news/katholische-kirche-halt-379785/ (Abruf: 12.04.2012).

6.5.10.2. Das Informationsbistum

In den fünf Informationsbistümern wird Social Media eingesetzt. Aber der Einsatz bleibt unter den Möglichkeiten zurück, die Social Media bietet. Die typischen Social Media Anwendungen in diesen Bistümern sind Facebook, Twitter und Youtube. Die Nutzung hier entspricht der Informationstätigkeit nach Gruning und Hunt und ist, obwohl Social Media eingesetzt wird, vom Prinzip her eher eine monologische Internet-PR. Der Fokus liegt darauf, über Social Media in Form von Facebook und Twitter auf die eigene Webseite zu verweisen oder einfach aufbereitete Informationen zu verbreiten. Auch wenn auch auf andere Seiten verlinkt wird, ist Hauptmotivation der Social Media Nutzung die weitere Streuung seiner Informationen und Inhalte. Eigener Inhalt für Social Media wird nicht produziert, sondern es werden Synergien genutzt, indem bereits produzierter Inhalt weiterverbreitet wird. In diesen Bistümern sind in erster Linie Jugendliche die Zielgruppe. Der Zeitaufwand für die Pflege von Social Media überschreitet hier nicht eine Stunde pro Tag. In diesen Bistümern gab es noch keine Verschiebung von Ressourcen für die Social Media Nutzung und Social Media ist eine zusätzliche Arbeit, die neben anderen Aufgaben erledigt werden muss. Da das Ziel in diesen Bistümern ist, seine Informationen möglichst weit zu streuen, findet eine Erfolgskontrolle hier quantitativ statt, indem Anhänger oder Zugriffszahlen gemessen werden. Es existieren noch keine ausformulierten Social Media Konzepte oder Guidelines. In diesen Bistümern findet sehr wenig Dialog über Social Media statt und es wird nicht direkt zu Diskussion aufgerufen. Ohne das Zustandekommen von Diskussion ist die Social Media Nutzung in diesen Bistümern sehr weit entfernt von dem Ideal einer VÖA, da die PR hier nicht über die Informationsphase hinauskommt.

6.5.10.3. Das Social Media Bistum

Die fünf Bistümer vom Typ Social Media Bistum zeichnen sich dadurch aus, dass sie von den Möglichkeiten, die Social Media bietet, vollständig Gebrauch machen. Hier wird nach Gruning und Hunt versucht, eine symmetrische Kommunikation zu etablieren, die eine Zweiwegkommunikion und ein wechselseitiges Verständnis ermöglicht. Nach Pleil nähern sich die Bistümer dem Idealtyp einer Cluetrain-PR an, die dialogisch und netzwerkorientiert ist. Auch in Social Media Bistümern herrscht in der Regel die Dreifaltigkeit aus Facebook, Twitter und Youtube. Darüber hinaus ist die Nutzung in diesen Bistümern aber wesentlich vielfältiger. So werden andere Social Media Angebotsformen wie Flickr oder Blogs eingesetzt, oder die Nutzung der drei etablierten ist differenzierter, so dass es verschiedene Accounts mit unterschiedlichen Ausrichtungen gibt. Diese können kampagnen- oder themenbasiert oder auch eher spiritueller Natur sein. Zwar verweisen Social Media Bistümer über Twitter und Facebook auf ihre eigene Webseite, aber darüber hinaus werden eigene Inhalte für Social Media produziert. So werden Smartphones eingesetzt und es wird von der Möglichkeit Gebrauch gemacht, damit Social Media Live-Berichterstattung zu betreiben.

Ein aktive Einbindung der Bistumsleitung ist im Social Media Bistum noch nicht die Regel, aber es gibt erste Schritte, sie bei der Erstellung von Inhalten mit einzubinden und ihr Bericht über die Social Media Aktivitäten zu geben. Einbindung der Bistumsleitung dient einerseits der Personalisierung, die Merkmal einer Cluetrain-PR ist. Andererseits ist Einbindung der Bistumsleitung vor dem Hintergrund der VÖA wichtig dafür, dass im Anschluss an Diskussion oder Diskurs aus einer Situationsdefinition konkrete Handlungspläne erarbeitet werden können. In Social Media Bistümern ist die Zielgruppe, an die sich die Aktivitäten richten, weiter gefasst. Hier sollen und werden nicht mehr nur Jugendliche erreicht. Vielmehr wird hier der Trend bemerkt, dass auch Ältere Social Media nutzen. Um den Status Social Media Bistum zu erreichen, ist das Vorhandensein von Ressourcen notwendig. So wird sehr viel Zeit in die Pflege des Social Media Angebots investiert und versucht, mehrere Mitarbeiter des Bistums dafür einzusetzen. Aber die Social Media Betreuung ist auch hier noch ein Tätigkeit, die quasi nebenbei erledigt wird. Eine direkte Ressourcenverschiebung für Social Media hat es bisher noch nicht gegeben.

Besonders auffällig ist, dass in diesen Bistümern Social Media nicht als Medium mit Öffnungszeiten wahrgenommen wird, so dass Mitarbeiter hier auch außerhalb der Arbeitszeit den Social Media Auftritt im Blick haben und, wenn notwendig, auf Anfragen reagieren können. Auch in diesen Bistümern ist die Erstellung von Konzepten und Guidelines noch nicht abgeschlossen, befindet sich aber derzeit in der Entwicklung. Da in diesen Bistümern gesteigerter Wert auf Dialog gelegt wird, beschränkt sich die Erfolgsmessung nicht auf quantitatives Vorgehen, sondern der Erfolg wird auch danach beurteilt, wie viel echte Interaktion zustande kommt. Dass generell im Social Media Bistum Diskussion oder Diskurs entsteht, ist nicht der Fall. Aber es gibt Ansätze, Diskussion aktiv zu fördern. Gerade Facebook wird vor dem Hintrgrund der VÖA als Zwittermedium verwendet, das sowohl als Informationsmedium genutzt wird als auch als dialogisches Medium für Diskussion und Diskurs. Ferner wird sich in Social Media Bistümern noch mehr Dialog gewünscht, als er derzeit die Regel ist.

6.5.10.4. Das Überbistum

Das Überbistum ist kein Typ, sondern ein Sonderfall, der sich besonders durch einen Faktor auszeichnet, der in den anderen Bistümern in der Regel dafür mitverantwortlich ist, wie sehr Social Media eingesetzt wird. Die Rede ist von Ressourcen. Das Überbistum verfügt über die notwendigen Ressourcen, eigene Plattformen zu entwickeln und zu betreuen. So verfügt es neben für Social Media Bistümer typischen Facebook- und Twitter-Nutzung über ein eigenes *„Youtube auf katholisch"* und darüber hinaus über zwei Angebote, die vor dem Hintergrund der VÖA besonders bemerkenswert sind. Das Portal, mit dem man Fragen an den Kardinal stellen kann, ist die stärkste Personalisierung, die es in den Bistümern gibt, und ist die erfolgreiche Möglichkeit, die Bistumsführung in die Internetkommunikation mit einzubinden, was ihr die besten Chancen gibt, konkrete Schlüsse aus den gestellten Fragen zu ziehen. Daneben hat das Bistum seine eigene Webseite in eine Form von Social Media verwandelt, indem es dort eine Kommentarfunktion eingeführt hat, wie es sie in Blogs gibt. Dieses Bistum zeichnet sich auch dadurch aus, dass die Motivation Social Media einzusetzen, nicht auf Antrieb von PR-Schaffenden des Bistums zurückzuführen ist, sondern dass auch die Bistumsleitung aktiv den verstärkten Social Media Einsatz angeordnet hat.

7. Fazit

Die Untersuchung hat strukturelle Verschiedenheit der PR in den deutschen Bistümern bestätigt. Jedoch hat sie überall die Aufgabe, eine Vermittler- und Übersetzerfunktion zwischen Kirche und säkularer Welt auszuführen Ohne diese wäre weder die Informationsvermittlung in die Gesellschaft, noch Diskussion und Diskurs mit dieser möglich. Die Vermittlungstätigkeit erfüllt PR auch in die andere Richtung, indem sie Informationen aus der Gesellschaft nach innen trägt.

Die PR der Bistümer betreibt keine direkte Verkündigung. Zwar wird sie indirekt durch Berichterstattung darüber betrieben, aber das Hauptaugenmerk liegt auf Informationstätigkeit, getrennt von *„heiliger Soße"*. Diese würde die PR zu Publicity machen, da hier kein objektiver Wahrheitsgehalt mehr festzustellen wäre. Die reine Informationstätigkeit ist aber Voraussetzung dafür, dass später erfolgreich Verkündigung betrieben werden kann.

In den Diaspora-Bistümern Ostdeutschlands ist erfolgreiche PR mit funktionierender Informationstätigkeit zu erreichen. Denn hier herrscht nicht die Situation, dass Teilöffentlichkeiten oder Stakeholder grundlegend die Informationen der Bistums-PR bezweifeln oder ein Vertrauensverlust besteht. Vielmehr herrscht hier ein sehr geringer Wissenstand über das Thema Kirche, dem mit Informationstätigkeit entgegengetreten wird. In den Bistümern Westdeutschlands entspricht die Situation eher einer solchen, wie Burkart sie für die VÖA konstatierte. Neben geringem Wissen über die katholische Kirche kommt hier ein starker Vertrauensverlust in diese hinzu. Deswegen ist hier der „Dialog auf Augenhöhe" von Bedeutung, um Vertrauen wieder herzustellen. Der konkret von der DBK gestartete Dialogprozess ist in diesem Sinne als Diskussion und Diskurs im Sinne der VÖA zu betrachten. Hinderliche Faktoren, die vom Ideal einer VÖA abweichen, sind hier kirchliche Kommunikations- und Hierarchiestrukturen und der Umstand, dass religiöse Glaubenswahrheiten sich einem Diskurs entziehen. Jedoch wird in Bistümern, in denen der Dialogprozess geführt wird, das VÖA-Ziel der Diskussion erreicht, sich nicht als kommunikativ verschlossen zu präsentieren. Generell zeigt sich im Dialogprozess der katholischen Kirche eine mangelnde Weiterentwicklung von Burkarts VÖA-Konzept. Denn die katholischen Bistümer werden nicht mit homogenen Teilöffentlichkeiten konfrontiert. Vielmehr gibt es konservative wie progressive Stakeholder mit völlig unterschiedlichen Ansprüchen. Dieser für eine weiter ausdifferenzierte und pluralistische Gesellschaft typische Zustand würde es nötig machen, das VÖA-Konzept zu variieren, um auf solche Situationen besser anwendbar zu sein. Einen Ansatz zur weiteren Theorieentwicklung böte hier das Stakeholdermodel.

Von der Möglichkeit, einen „Dialog auf technischer Augenhöhe" über Social Media zu wagen, machen, wie die Studie gezeigt hat, bereits sehr viele Bistümer Gebrauch. Von 16 untersuchten Bistümern gibt es in 11 offizielles, langfristig angelegtes Social Media Engagement von Seiten der Presse- und Öffentlichkeitsarbeit. Facebook, Twitter und Youtube sind in diesen Bistümern inzwischen etablierte Werkzeuge der PR. Davon, dass noch vor zwei Jahren Social Media in der katholischen Kirche vor allem eher privater Natur gewesen ist, kann also nicht mehr die Rede sein. Bestätigt werden kann jedoch die oftmals diagnostizierte Verschiedenartigkeit der PR in den einzelnen Bistümern. Sie setzt sich im Bereich Social Media fort, wo die Aktivitäten sehr unterschiedlich sind und von zweijähriger Erfahrung im Umgang mit Facebook und Twitter über den Einsatz eigener Plattformen bis hin zu totaler Social Media Verweigerung gehen. Generell wäre es ein gleichermaßen lohnenswertes wie ambitioniertes Forschungsprojekt, die Gesamtorganisationskommuniktion der verschiedene Bistümer zu beschreiben und zu vergleichen, um in diesem Punkt endlich Klarheit zu schaffen, auch im Hinblick darauf, wie Social Media außerhalb der Presse- und Öffentlichkeitsarbeit eingesetzt wird.

Gering ausgeprägter Social Media Einsatz ist dem aus der Erforschung der PR der katholischen Kirche und NGOs bekannten Problem geschuldet, dass es einen Mangel an Ressourcen gibt. Darüber hinaus zeigte sich bei einigen Befragten aber auch eine gewisse Skepsis gegenüber Social Media, die auch bei PR-Schaffenden vermutet werden kann, die in Bistümern tätig sind, die kein Social Media einsetzen und darüber hinaus nicht bereit waren, an einer Befragung zur Thematik Social Media teilzunehmen. Dass Ressourcenmangel kein unüberwindbares Hindernis ist, Social Media einzusetzen, geht aus der Untersuchung hervor, da auch kleine, personell schlecht ausgestattete Pressestellen in der Lage sind, einen Social Media Einsatz erfolgreich zu stemmen. Hier wird Social Media eingesetzt, um Informationen und Inhalte weiter zu streuen, und das ist ein generelles Hauptziel aller Bistümer. Die verbreiteten Inhalte unterschieden sich dabei von Bistum zu Bistum und decken das Spektrum von Facebookverweisen auf bereits existierende Inhalte der Bistumswebseite, über spirituelle Twitterbotschaften bis hin zu Liveberichterstattung aus direkter Nähe des Papstes bei seinem Deutschlandbesuch ab. Inwieweit darüber hinaus das gewünschte Ziel erreicht wird, wirklich Social Media als Rückkanal zu etablieren, ist von der Art der Social Media Nutzung abhängig. In Bistümern, in denen besonders viele Ressourcen in Form von Arbeitszeit in Social Media investiert und eigener Inhalt für Social Media produziert wurde, kommt es zu mehr Dialog mit den Nutzern. Besonders

Facebook zeichnet sich hier für die Bistümer als Zwittermedium aus, über das sowohl informiert als auch diskutiert werden kann. Tendenziell sind aber auch hier Diskussionen über Social Media selten, was damit zusammenhängt, dass nicht alles, was über Social Media verbreitet wird, Anlass zu Diskussion bietet. Über die Phase der Information der VÖA kommt die PR also nur selten hinaus, so dass keine generelle Aussage darüber getroffen werden kann, inwieweit über Social Media tatsächlich Diskussion und Diskurs im VÖA-Sinne stattfindet. Jedoch bestehen in den Social Media Bistümern die Grundvoraussetzungen über Social Media auch in Diskussion und Diskurs einzusteigen und das Ziel einer Diskussionsphase, sich nicht als kommunikativ verschlossen zu präsentieren, wird erreicht. Einzelfälle zeigen, dass über Social Media geführte Auseinandersetzungen konkrete Folgen haben können, was den Beweis dafür liefert, dass Social Media nicht nur als Informationsmedium, sondern auch als Diskussions- und Diskursmedium im Sinne der VÖA eingesetzt werden kann. Wesentliche Voraussetzung für die erfolgreiche Nutzung im Sinne der VÖA, die in vielen Bistümern noch nicht umgesetzt ist, ist, dass die (passive) Bistumsleitung in Social Media involviert wird. Denn ohne Kenntnis von etwaigen Diskussionen auf Social Media ist keine Situationsdefinition möglich. Da die Organisationsleitung in besonders aktiven Bistümern beteiligt ist, werden Studienergebnisse wonach diese Beteiligung ein Erfolgsfaktor für Social Media in der PR ist, bestätigt. Darüber hinaus hat eine aktive Einbindung den Vorteil, dass eine starke Personalisierung ermöglicht wird, welche ebenfalls systematisch für erfolgreiche Cluetrain-PR im Internet ist.

Damit im Zusammenhang stehend, hat die Untersuchung ein weiteres Manko des Dialogs über Social Media in den Bistümern aufgedeckt. So herrscht in den Bistümern oft die Tendenz dazu, die Nutzer untereinander diskutieren zu lassen, anstatt mit ihnen zu diskutieren. Dies widerspricht einer VÖA, ist aber auch sinnbildlich für die konzeptionelle Schwäche des Ansatzes, der Stakeholder mit vollkommen unterschiedlichen, sich widersprechenden Ansprüchen an Organisationen nicht abdeckt.

Die Stakeholder der Bistümer, die Social Media nutzen, wären sinnvollerweise Gegenstand einer sich anschließenden Untersuchung. Mittels einer Befragung wäre festzustellen, was sie vom Social Media Angebot der Bistümer eigentlich konkret erwarten, wie zufrieden sie damit sind und ob ihre Nutzungsmotivation eher Informationsbedürfnis, der Wunsch nach Dialog oder auch die Suche nach spirituellen Inhalten ist.

Die Erfahrungen, die in den Bistümern mit Social Media gemacht wurden, zeigen prinzipiell, dass es keinen Grund gibt, sich vor einem „Shitstorm" zu fürchten, und dass Social Media vielmehr die Chance bietet in Krisensituationen schnell gegenzusteuern.

Gerade im Rahmen einer solchen Krisensituation, wäre als Anknüpfungspunkt an diese Studie zu untersuchen, wie unter solchen Bedingungen Social Media eingesetzt wird und wie dann Möglichkeiten zur Diskussion genutzt werden. Ebenfalls wäre zu untersuchen, wie sich Social Media Nutzung außerhalb der Presse- und Öffentlichkeitsarbeit der Bistümer, bspw. bei katholischen Verbänden oder Medien. wie dem Domradio, gestaltet.

Auch wenn es bisher in den Bistümern keine fertig entwickelten Social Media Konzepte gibt, zeigt die derzeitige Entwicklung von Guidelines die wachsende strukturelle Etablierung von Social Media in der PR. Diese Etablierung verändert auch das Berufsbild des PR Schaffenden, da sich eine Vermischung von beruflicher und privater Social Media Nutzung zeigt, wenn Social Media auch außerhalb der eigentlichen Arbeitszeit beobachtet und gepflegt wird. Wie ausgeprägt dieses Verhalten bei PR-Schaffenden ist, wäre zu untersuchen. Ferner von wissenschaftlichem Interesse wäre es, zu untersuchen wie weit der in dieser Studie geschilderte Einzelfall, dass Social Media ein etabliertes Kommunikationsmittel zwischen PR und Journalisten ist, eine symptomatische Entwicklung im Verhältnis zwischen beiden Spähren aufzeigt. Sollte sich dieser Trend fortsetzen, wäre spätestens dann der Punkt erreicht, an dem auch das letzte Bistum nicht mehr darum herumkäme, Social Media einzusetzen, wenn es weiterhin funktionierende PR – egal ob als symmetrische Kommunikation oder nur als Informationsvermittlung – betreiben will.

8. Quellenverzeichnis

8.1. Literatur

A

Albers, Jens: Gott auf allen Kanälen. Die katholische Medienlandschaft in Deutschland. Eine Bestandsaufnahme. Münster 2010.

Alby, Tom: Web 2.0: Konzepte, Anwendungen, Technologien. München 2008.

Arendt, Gusti: PR der Spitzenklasse. Die Kunst, Vertrauen zu schaffen:Landsberg/Lech 1993.

Arnold, Klaus: Drei Bischöfe im Fokus der Medien. Publizistische Konflikte und Skandale 2007. In: Communicatio Socialis. 41 (2008) 4.

B

Bächtiger, André; Pedrini, Seraina;Könemann, Ryser, Mirjam: Religion und Politik. Säkularisierung, Pluralisierung und deliberative Vision. In: Könemann, Judith; Loretan, Adrian: Religiöse Vielfalt und der Religionsfrieden. Herausforderungen für die christlichen Kirchen. Zürich 2009.

Bahr, Petra: Vom Sinn öffentlicher Religion. In: Heinig, Hans Michael; Walter, Christian (Hrsg.): Staatskirchenrecht oder Religionsverfassungsrecht?: Ein begriffspolitischer Grundsatzstreit. Tübingen 2007.

Barthenheier, Günter: Zur Notwendigkeit der Öffentlichkeitsarbeit – Ansätze und Elemente zu einer allgemeinen Theorie der Öffentlichkeitsarbeit. In: Haedrich, Günther, Barthenheier, Günter; Kleinert, Horst (Hrsg.): Öffentlichkeitsarbeit. Dialog zwischen Institutionen und Gesellschaft. Ein Handbuch.Berlin; New York 1982.

Becker-Huberti, Manfred: Kirchliche Presse- und Öffentlichkeitsarbeit im Erzbistum Köln. In: Krzeminski, Michael; Neck, Clemens (Hrsg.): Praxis des Social Marketing. Erfolgreiche Kommunikation für öffentliche Einrichtungen, Vereine, Kirchen und Unternehmen. Frankfurt am Main 1994.

Bentele, Günter: Berufsfeld Public Relations. Berlin 1998.

Bentele, Günter: Grundlagen der Public Relations. Positionsbestimmung und einige Thesen. In: Donsbach, Wolfgang (Hrsg.): Public Relations in Theorie und Praxis. Grundlagen und Arbeitsweisen der Öffentlichkeitsarbeit in verschiedenen Funktionen. München 1997.

Bock, Hubert; Fuchs, Ludwig: Vom trägen Tanker zum wendigen Schnellboot – Organisationsstrukturen als Chance für die Kommunikation. In: Lange, Claudia; Albrecht, Werner: Zielgruppe: Gesellschaft. Kommunikationsstrategien für Nonprofit-Organisationen. Gütersloh 2001.

Böckelmann, Frank: Pressestellen als journalistisches Tätigkeitsfeld. Eine Untersuchung der Pressearbeit in Unternehmen, Organisationen und Institutionen. In: Dorer, Johanna;

Lojka, Klaus (Hrsg.): Öffentlichkeitsarbeit. Theoretische Ansätze, empirische Befunde und Berufspraxis der Public Relations. Wien 1991. zitiert nach: Röttger; Preusse; Schmitt.

Bogner, Alexander; Menz, Wolfgang: Das theoriegenerierende Experteninterview. Erkenntnisinteresse, Wissensformen, Interaktion. In: Bogner, Alexander, Littig, Beate; Menz, Wolfgang: Das Experteninterview. Theorie, Methode, Anwendung. Wiesbaden 2005.

Böntert, Stefan: Verkündet es von den Dächern. Neue Medien und Pfarrgemeinde. Stuttgart 2002.

Brown, Rob: Public Relations and the social web. How to use social media and Web 2.0 in communications. London, Philadelphia 2009.

Brömmling, Grundlagen der Nonprofit-PR, In: Brömmling, Ulrich: Nonprofit-PR. 2. überarbeitete Auflage. Konstanz 2010.

Büsch, Andreas: Das soziale Netz als Kommunikationsplattform. Mehr als eine Jugendpastorale Herausforderung. In: Communicatio Socialis. 44. Jahrgang 2011.Heft 1.

Burkart, Roland: Public Relations als Konfliktmanagement. Ein Konzept für verständigungsorientierte Öffentlichkeitsarbeit. Untersucht am Beispiel der Planung von Sonderabfalldeponien in Niederösterreich. In: Haerpfer, Christian; Pelinka, Christian: Studienreihe Konfliktforschung; Bd. 7. Wien 1993.

Burkart, Roland: Verständigungsorientierte Öffentlichkeitsarbeit – ein kommunikationstheoretisch fundiertes Konzept für die PR Praxis. In: Bentele, Günter; Liebert, Tobias: Verständigungsorientierte Öffentlichkeitsarbeit. Darstellung und Diskussion des Ansatzes von Roland Burkart. Leipzig 1995B

Burkart, Roland: Verständigungsorientierte Öffentlichkeitsarbeit. In: Bentele, Günter; Fröhlich, Romy; Szyska, Peter (Hrsg): Handbuch der Public Relations. Wissenschaftliche Grundlagen und berufliches Handeln. Wiesbaden 2005.

Busemann, Katrin; Gscheidle, Christoph: web 2.0: Aktive Mitwirkung verbleibt auf niedrigem Niveau. In: media perspektiven 7-8/2011.

D

Derenthal Brigitta: Medienverantwortung in christlicher Perspektive: Ein Beitrag zu einer praktisch-theologischen Medienethik. Berlin, Münster 2006.

Die Deutschen Bischöfe. Publizistische Kommission. Virtualität und Inszenierung. Unterwegs in der digitalen Mediengesellschaft – Ein medienethisches Impulspapier. Bonn 2011.

Dorer, Johanna; Marschik, Matthias: Whose Side are you on? Anmerkungen zu Roland Burkarts Konzept einer verständigungsorientierten Öffentlichkeitsarbeit. In: Betele; Liebert.

Donges, Patrick: Medialisisierung politischer Organisationen. Partien in der Mediengesellschaft. Wiesbaden 2008.

Duden. Bd 1. Die deutsche Rechtschreibung. 23. Auflage. Mannheim, et. Al 2004.

E

Ebersbach, Anja; Glase, Markus; Heigl, Richard: Social Web.2. völlig überarbeitete Auflage. Konstanz 2011.

Eilders, Christian: Befragung. In:Hans-Bredow-Institut (Hrsg.): Medien von A bis Z. Wiesbaden 2006.

Einspänner, Jessica: Digital Public Affairs – Lobbyismus im Social Web. In: Bender, Gunnar; Werner, Torben (Hrsg): Digital Public Affairs. Social Media für Unternehmen, Verbände und Politik. Berlin 2010.

Eisenberger, Mark: Reputation in der Mediengesellschaft. Konstitution – Issues Monitoring – Issues Management. Wiesbaden 2005.

F

Faulstich, Werner: Grundwissen Öffentlichkeitsarbeit. München 2000.

Florian, Daniel; Reoggenkamp, Klas: Noise vs. Influence? Werkzeuge für Digital-Public-Affairs-Strategie In: Digital Public Affairs. Social Media für Unternehmen, Verbände und Politik. Berlin 2010.

Freeman, R. Edward: Strategic Management: A Stakeholder Approach. Boston 1984.

Freyer, Verena: Online-Kommunikation, In: Brömmling, Ulrich: Nonprofit-PR. 2., überarbeite Auflage. Konstanz 2010.

Fröhlich, Romy: Die Problematik der PR-Definition(en). In: Bentele, Günter; Fröhlich, Romy; Szyska, Peter (Hrsg.): Handbuch der Public Relations. Wissenschaftliche Grundlagen und berufliches Handeln. Wiesbaden 2005.

G

Gerhards, Maria; Klingler, Walter; Trump, Thilo: Das Social Web aus Rezipientensicht: Motivation, Nutzung und Nutzertypen. In: Zerfaß, Ansgar; Welker, Martin;Schmidt, Jan (Hrsg.): Kommunikation, Partizipation und Wirkung im Social Web. Köln 2008.

Gilles, Beate: Durch das Auge der Kamera: eine liturgie-theologische Untersuchung zur Übertragung von Gottesdiensten im Fernsehen. Münster u.a. 2000.

Gitomer, Jeffrey: Social Boom! How to Master Business Social Media. New Jersey 2011.

Gläser, Jochen; Laudel, Grit: Experteninterviews und qualitative Inhaltsanalyse. Wiesbaden 2004.

H

Habermas, Jürgen: Theorie des kommunikativen Handelns. BD. 1. Handlungsrationalität und gesellschaftliche Rationalisierung. Frankfurt am Main. 1981.

Habermas, Jürgen: Vorstudien und Ergänzungen zur Theorie des kommunikativen Handelns. Frankfurt am Main 1984.

Habermas, Jürgen: Politische Theorie. Philosophische Texte Band 4. Frankfurt am Main 2009.

Hasebrink, Uwe: Medien von A bis Z – ein Überblick. In: Hans-Bredwo-Institut (Hrsg.):Medien von A bis Z. Wiesbaden 2006.

Herbig, Nicola: Kirche oder Kommerz?: Analyse der publizistischen Funktion evangelischer Privatfunkredaktionen im Schnittpunkt der Systeme Religion, Massenkommunikation und Wirtschaft in der BRD. Münster 1999.

Hertl, Michael: Identität, Authentizität und Gemeinschaft: Warum Social Communities und Religion etwas gemeinsam haben. In: Communicatio Socialis. 43(2010)2.

Heymann-Reder, Dorothea: Social Media Marketing: Erfolgreiche Strategien für Sie und Ihr Unternehmen. München 2011.

Homuth, Sebastian: Wirksame Krisenkommunikation - Theorie und Praxis der Public Relations in Imagekrisen. Berlin 1997.

Huber, Melanie: Kommunikation im Web 2.0.Konstanz 2008.

J

Jacobi, Peter: Medien – Religion – Kirche. Überlegungen zur religiösen Kommunikation. In: Zentralstelle Medien der Deutschen Bischofskonferenz (Hrsg.): Medien, Religion, Kirche: Sonderheft zum Mediensonntag 2000. Bonn 2000.

Jarren, Otfried; Donges, Patrick: Politische Kommunikation in der Mediengesellschaft. Eine Einführung. 2. überarbeitete Auflage. Wiesbaden 2006.
K

Karmasin, Matthias: Stakeholder-Management als Grundlage der Unternehmenskommunikation. In: Piwinger; Zerfaß.

Kelle, Udo: Kluge, Susann: Vom Einzelfall zum Typus. Fallvergleich und Fallkontrastierung in der qualitativen Sozialforschung. 2. überarbeitete Auflage. Wiesbaden 2010.

Klenk, Christian: Letzte Chancen für die Bistumspresse. Die Auflage schrumpft stetig, doch bei der Suche nach Lösungen herrscht Uneinigkeit. In: Communicatio Socialis. 43(2010)1.

Klenk, Christian: Plötzlich, aber nicht unerwartet. Der „Rheinische Merkur" schrumpft zu einer Beilage der „Zeit". In: Communicatio Socialis. 43(2010)4.

Koch, Michael; Richter, Alexander: Enterprise 2.0 . Planung, Einführung und erfolgreicher Einsatz von Social Software in Unternehmen. München, u.A. 2009.

Köcher, Renate: Probleme und Chancen religiöser Kommunikation. Ergebnisse aus Allensbacher Langzeituntersuchungen. In: Communicatio Socialis. 33(2000)3.

Köhler, Tanja: Krisen-PR im Internet. Nutzungsmöglichkeiten, Einflussfaktoren und Problemfelder. Wiesbaden 2006.

Kopp, Matthias: Öffentlichkeitsarbeit vor Ort. Pfarrbrief und Pfarrgemeinde. In: Zentralstelle Medien der Deutschen Bischofskonferenz (2010).

Kunczik, Michael: Public Relations. Konzepte und Theorien. Köln, Weimar, Wien 2010.

Kückelhaus, Andrea: Public Relations: Die Konstruktion von Wirklichkeit. Kommuniktionstheoretische Annäherung an ein neuzeitliches Phänomen. Wiesbaden 1998.

M

Mayer, Horst Otto: Interview und schriftliche Befragung: Entwicklung, Durchführung und Auswertung. Oldenburg 2008.

Meuser, Michael; Nagel, Ulrike: ExperInneninterviews – vielfach erprobt, wenig bedacht. Ein Beitrag zur qualitaitven Methodendikussion. In: Bogner, Littig, Menz.

Mödl, Ludwig: „Wenn das Wort unter die Marktschreierfällt…" – Verkündigungssendungen im Hörfunk. In: Zentralstelle Medien der Deutschen Bischofskonferenz (Hrsg.): Glaubenswort – Quotenmord? Vom Anspruch der Kirchen auf Verkündigung im Hörfunk. Bonn 2000.

N

Neuberger, Christoph; vom Hofe, Hanna Jo, Nuernbergk, Christian: Twitter und Journalismus. Der Einfluss des „Social Web" auf die Nachrichten. Düsseldorf 2010.

Nonhof, Martin: Diskurs. In: Göhler, Gerhard; Iser, Matthias; Kerner, Ina: Politische Theorie. 22 umkämpfte Begriffe zur Einführung. Wiesbaden 2004.

P

Päpstlicher Rat für die sozialen Kommunikationsmittel (Hrsg.): Ethik in der sozialen Kommunikation. Rom 2005.

Pleil, Thomas: Social Media und ihre Bedeutung für die Öffentlichkeitsarbeit. In: Kayser, Maike; Böhm, Justus; Spiller, Achim (Hrsg.): Die Ernährungswirtschaft in der Öffentlichkeit. Social Media als neue Herausforderung der PR. Göttingen 2010.

Pleil, Thomas: Online-PR zwischen digitalem Monolog und und vernetzter Kommunikation. In: Pleil, Thomas (Hrsg.):Online PR im Web 2.0. Konstanz 2007.

R

Rackwitz, Susan: Public Relations im Internet: Journalisten-Erwartungen und Website-Inhalte. Eine empirische Studie. Dargestellt am Beispiel der Internetpräsenz der ProSiebenSat.1 Media AG. Saarbrücken 2008.

Renn, Joachim: Arbeitsteilung und Selbstzweifel. Der Dialog der Religionen zwischen religiöser Gewissheit und bürokratischer Organisation. In: Müller, Tobias; Schmidt, Karsten; Schüler, Sebastian (Hrsg.): Religion im Dialog: interdisziplinäre Perspektiven, Probleme, Lösungsansätze. Göttingen 2009.

Reineke, Wolfgang; Sachs, Günther: Praxis der Öffentlichkeitsarbeit. Projektbezogene Public Relations. Heidelberg 1975.

Reto Famos, Cla: Kirche zwischen Auftrag und Bedürfnis. Münster 2005.

Ross, Alexander: Nonprofit oder non-professionell? In: Brömmling, Ulrich: Nonprofit-PR. 2. überarbeite Auflage. Konstanz 2010.

Röttger, Ulrike: Welche Theorien für welche PR? In: Röttger, Ulrike (Hrsg.): Theorien der Public Relations Grundlagen und Perspektiven der PR-Forschung.Wiesbaden 2004.

Röttger, Ulrike; Preusse, Joachim; Schmitt, Jana: Grundlagen der Public Relations. Eine Kommunikationswissenschaftliche Einführung. Wiesbaden 2011.

S

Schaffert, Sandra; Wieden- Bischof, Diana: Erfolgreicher Aufbau von Online-Communitys: Konzepte, Szenarien und Handlungsempfehlungen. Salzburg 2009.

Scheidges, Rüdiger: Kommuniktionsverschmutzung. Zur „übergreifenden Theorie" der PR. In: Dorer, Johanna; Lojka, Klaus. (Hrsg.): Öffentlichkeitsarbeit. Wien 1991. Zitiert nach Kückelhaus.

Schmidt, Jan: Das neue Netz. Merkmale, Praktiken und Folgen des Web 2.0. Konstanz 2009.

Schmidt, Jan: Weblogs. Eine kommunikationssoziologische Studie. Konstanz 2006.

Scholl, Armin: Die Befragung. Konstanz 2009.
Sekretariat der Deutschen Bischofskonferenz: katholische Kirche in Deutschland. Zahlen und Fakten 2010/2011. Bonn 2010.

Seiber, Christoph: Inklusion von Religion im politischen Dikurs - eine irreführende Fragestellung? Überlegungne zur Verhältnisbestimmung von öffentlicher Vernunft und Religion bei John Rawls und Jürgen Habermas. In: Werkner, Ines-Jacqueline; Liedhegener, Antonius; Hildebrandt, Mathias : Religionen und Demokratie: Beiträge zu Genese, Geltung und Wirkung eines aktuellen politischen Spannungsfeldes. Wiesbaden 2009.

Stabsabteilung Medien des Erzbistums Köln (Hrsg.):Alle sollen es wissen: Leitfaden für Öffentlichkeitsarbeiterinnen und -arbeiter in den Seelsorgebereichen und Einrichtungen des Erzbistums Köln. Köln 2010.

Stenert, Ute; Ostermann, Gunda: Katholische Presse in der digitalen Welt. Medienkongress im Vatikan diskutiert Herausforderungen. In: Communicatio Socialis. 43(2010)4.

Stöber, Rudolf: Kommunikations- und Medienwissenschaft. Eine Einführung. München 2008.

Strohmeier, Gerd: Politik und Massenmedien. Eine Einführung. Baden Baden 2004.

Szyszka, Peter: Verständigungsorientierte Öffentlichkeitsarbeit. Überlegungen zum Theorie-Praxis-Transfer des Burkart-Konzepts (VÖA). In: Bentele; Liebert 1995.

Szyszka, Peter: Öffentlichkeitsarbeit und Kompetenz: Probleme und Perspektiven künftiger Bildungsarbeit. In: Bentele, Günter; Szyszka, Peter (Hrsg.): PR-Ausbildung in Deutschland. Entwicklung, Bestandsaufnahme und Perspektive. Opladen 1995.

T

Tonnemacher, Jan: Berufsfeld Non-Profit-PR. In: In: Bentele, Günter; Fröhlich, Romy; Szyska, Peter (Hrsg): Handbuch der Public Relations. Wissenschaftliche Grundlagen und berufliches Handeln. Wiesbaden 2005.

Theis-Berglmair, Anna Maria: Public Relations aus organisationssoziologischer Perspektive. In: Bentele, Günter; Szyszka, Peter (Hrsg.): PR-Ausbildung in Deutschland. Entwicklung, Bestandsaufnahme und Perspektive. Opladen 1995.

Treibel, Annette: Einführung in die soziologischen Theorien der Gegenwart. 7. aktualisierte Auflage. Wiesbaden 2006.

V

Verst, Ludger: Medienpastoral. Bericht über ein Projekt. Kevelaer 2003.

Vaih-Bauer, Christina: Propaganda. In: Lies, Jan (Hrsg.): Public Relations. Ein Handbuch. Stuttgart 2008.

W

Westerbarkey, Joachim: Kritische Ansätze: ausgewählte Paradigmen. In: Bentele, Günter; Fröhlich, Romy; Szyska, Peter (Hrsg): Handbuch der Public Relations. Wissenschaftliche Grundlagen und berufliches Handeln. Wiesbaden 2005.

Wienand, Edith: Public Relations als Beruf. Wiesbaden 2003.

Wode, Christian: Communio 2.0 – Soziale Netzwerke im World Wide Web als Herausforderung für die Gemeindepastoral. Münster 2010.

Z

Zimmer, Konstantin: Zwischen News, PR und Verkündigung. Die Qualität der Arbeit der kirchlichen Pressestellen. In: Communicatio Socialis. 35(2002)3.

Zerfaß, Ansgar: Unternehmensführung und Öffentlichkeitsarbeit. Grundlegung einer Theorie der Unternehmenskommunikation und Public Relations. 2. ergänzte Auflage. Wiesbaden 2004.

8.2. Internetquellen

A

Akademie Bruderhilfe-Pax-Familienfürsorge (Hrsg.): Kirchliche Sinnangebote im Web 2.0. http://www.kirche-im-web20.de/Bruderhilfe-Web20-Studie-Langfassung.pdf (Abruf: 11.10.2011).

ARD/ZDF-Medienkommission (Hrsg.): www.ard-zdf-onlinestudie.de (Abruf: 14.11.2011).

B

bistum-augsburg.de: Der Papst. http://www.bistum-augsburg.de/index.php/bistum/Hauptabteilung-VI/Glaube-und-Lehre/Glaubenslehre/Der-Papst (Abruf: 7.12.2011).
bitkom.de: Internetnutzer verbringen die meiste Zeit in Sozialen Netzwerken. 12.02.2012. http://www.bitkom.org/de/presse/8477_71209.aspx (Abruf: 14.02.2012).

bitkom.de: Soziale Netzwerke. Zweite, erweiterte Studie.Eine repräsentative Untersuchung zur Nutzung sozialer Netzwerke im Internet. Berlin 2011. http://www.bitkom.org/files/documents/BITKOM_Publikation_Soziale_Netzwerke_zweite _Befragung.pdf (Abruf:23.01.2012).

C

Caracciolo, Luca: Katholische Kirche hält Facebook-Gottesdienst ab. 2.04.2012. In: t3n.de. http://t3n.de/news/katholische-kirche-halt-379785/ (Abruf: 12.04.2012).

D

Deutsche Welle (Hrsg.): Deutsche-Welle-Gesetz. Bonn 2004. §17. http://www.dw-world.de/popups/popup_pdf/0,,1275486,00.pdf (Abruf: 25.10.2011).

dbk.de: Gesprächsprozess. http://www.dbk.de/themen/gespraechsprozess (Abruf.: 23.01.2012).

E

Eck, Klaus: Greenpeace schockt Nestlé. In: PR-Blogger.de, 18.03.2010 http://pr-blogger.de/2010/03/18/greenpeace-vs-nestle/ (Abruf: 11.010.2011).

Ethority.de: Social Media Prisma. http://www.ethority.de/uploads/smprisma/smprism3_web_big.jpg (Abruf: 16.02.2012).

F

facebook.com: Erklärung der Rechte und Pflichten. https://www.facebook.com/legal/terms (Abruf: 02.12.2011).

focus.de: Vertrauen in die katholische Kirche schwindet. 11.04.2010.
http://www.focus.de/panorama/welt/missbrauchsskandal/missbrauchsskandal-vertrauen-in-die-katholische-kirche-schwindet_aid_497562.html (Abruf: 26.11.2011).

G

Good, Jonathan: How many photos have ever been taken? 15.09.2011
http://1000memories.com/blog/94-number-of-photos-ever-taken-digital-and-analog-in-shoebox (Abruf: 11.03.2012).

H

Habermas, Jürgen: Dankesrede des Friedenspreisträgers. Glauben und Wissen. 2001.
http://www.glasnost.de/docs01/011014habermas.html (Abruf: 27.01.2012).

K

Katholische Deutschen Bischofskonferenz und Rat der Evangelischen Kirche in
Deutschland: Chancen und Risiken der Mediengesellschaft. 1997.
http://www.dbk.de/fileadmin/redaktion/veroeffentlichungen/gem-texte/GT_10.pdf (Abruf:
16.10.2011).

katholisch.de: Impressum http://www.katholisch.de/18372.html (Abruf: 01.12..2011).

Katholischer Medienverband: Die Katholische Presse im Überblick.
http://www.katholischer-medienverband.de/zeitschriftenuebersicht/index.htm (Abruf:
17.11.2011).

Kirche.tv: Katholische Fernseharbeit. http://kirche.tv/Default.aspx?tabid=161 (Abruf:
25.11.2011).

kna.de: Über die KNA als Fachagentur. http://www.kna.de/ueberkna/ueberkna.html
(Abruf:23.11.2011).

Krämer, Peter: Religionsfreiheit und Absolutheitsanspruch der Religionen - aus der
Perspektive des Christentums. http://www.theo.uni-trier.de/_downloads/Kraemer.pdf
(Abruf: 24.11.2011).

Kremp, Matthias: Hetero-Männer, Lesben-Phantasien. In: spiegel.de. 14.06.2011.
http://www.spiegel.de/netzwelt/web/0,1518,768324,00.html (Abruf: 08.07.2011).

L

Landesanstalt für Kommunikation Baden-Württemberg (Hrsg.): Staatsvertrag für
Rundfunk und Telemedien. Stuttgart 2009. §41/1.
http://www.lfk.de/fileadmin/media/recht/12_RStV_Juni09.pdf (Abruf: 25.10.2011).

M

Maireder, Axel: Links auf Twitter. Wie verweisen deutschsprachige Tweets auf Medieninhalte? Wien 2011.https://fedora.phaidra.univie.ac.at/fedora/get/o:64004/bdef:Content/get (Abruf: 28.11.2011).

morgenpost.de: Erzbischof Woelki trifft Lesben und Schwule. 16.09.2011 http://www.morgenpost.de/berlin-aktuell/article1766434/Erzbischof-Woelki-trifft-Lesben-und-Schwule.html (Abruf: 24.11.2011).

Müller, Matthias: Christliche Audio-Angebote im Internet. In: Medienheft 6.April 2001. http://www.medienheft.ch/kritik/bibliothek/k16_MuellerMatthias.pdf (Abruf: 30.11.2011).

N

Namics: Social Media Studie 2011.Essenz. http://www.namics.com/social-media-studie/Namics-Social-Media-Studie-2011_Essenz_einseitig.pdf (Abruf: 30.11.2011).

Nonnenmann, Jonas: Gottes Vorschlaghammer. Fundamentalisten im Netz. In:.berliner-zeitung.de 28.09.2011 http://www.berliner-zeitung.de/neue-rechte/fundamentalisten-im-netz-gottes-vorschlaghammer,10911114,10911680.html (Abruf: 22.01.2012).

n-tv.de: Neues Berufsbild: Social Media Manager. 10.10.2011 http://www.n-tv.de/ticker/Beruf/Neues-Berufsbild-Social-Media-Manager-article4495156.html (Abruf: 13.02.2012).

O

O'Reilly, Tim (Deutsche Übersetzung Patrick Holz):Was ist Web 2.0? Entwurfsmuster und Geschäftsmodelle für die nächste Software Generation. http://www.oreilly.de/artikel/web20_trans.html (Abruf: 13.12.2012).

P

Papst Benedikt XVI: Botschaft zum 44. Welttag der der sozialen Kommunikationsmittel. Der Priester und die Seelsorger in der digitalen Welt - die neuen Medien im Dienst des Wortes. Rom 2010. http://www.vatican.va/holy_father/benedict_xvi/messages/communications/documents/hf_ben-xvi_mes_20100124_44th-world-communications-day_ge.html (Abruf: 17.10.2011).

Päpstliche Kommission für die Instrumente sozialer Kommunikationsmittel (Hrsg.):Inter mirifica. Dekret über die sozialen Kommunikationsmittel. Rom 1963. http://www.vatican.va/archive/hist_councils/ii_vatican_council/documents/vat-ii_decree_19631204_inter-mirifica_ge.html (Abruf 15.10.2011).

Päpstliche Kommission für die Instrumente sozialer Kommunikationsmittel (Hrsg.): Communio et progressio. Über die Instrumente der sozialen Kommuniktion. Rom 1971. http://www.vatican.va/roman_curia/pontifical_councils/pccs/documents/rc_pc_pccs_doc_23051971_communio_ge.html (Abruf: 15.10.2011).

Päpstliche Kommission für die Instrumente sozialer Kommunikationsmittel (Hrsg.): Aetatis Novae. Pastoralinstruktion zur sozialen Kommunikation zwanzig Jahre nach Communio et Progressio. Rom 1992. http://www.kamp-erfurt.de/level9_cms/download_user/Internetseelsorge/Grundlagentexte/1992-Aetatis_Novae.pdf (Abruf 15.10.2011).

Päpstlicher Rat für die sozialen Kommunikationsmittel (Hrsg.): Kirche und Internet. Rom 2002, I.1.ff.
http://www.vatican.va/roman_curia/pontifical_councils/pccs/documents/rc_pc_pccs_doc_2 0020228_church-internet_ge.html (Abruf: 21.10.2011).

Pew Internet & American Life Project: Understanding the Participatory News Consumer http://www.pewinternet.org/Reports/2010/Online-News.aspx?r=1 (Abruf: 02.12.2011).

Pleil, Thomas: Nonprofit-PR: Besonderheiten und Herausforderungen. 2004. http://www.thomas-pleil.de/downloads//Pleil_Nonprofit-PR-Suk.pdf (Abruf: 20.11.2011).

S

Shell in Deutschland: 16. Shell JugendStudie: Jugend trotzt der Finanz- und Wirtschaftskrise. Hamburg; Berlin 2010.S.4. http://www-static.shell.com/static/deu/downloads/aboutshell/our_commitment/shell_youth_study/2010 /youth_study_2010_press_release_140910.pdf (Abruf: 7.12.2011).

spiegel.de Deutsche verlieren Vertrauen in katholische Kirche.
http://www.spiegel.de/politik/deutschland/0,1518,680693,00.html (Abruf: 26.11.2011).

Steiner, Peter: In the internet nobody knows that you're a dog. In: The New Yorker 05.07.1993.S.61. http://www.unc.edu/depts/jomc/academics/dri/idog.html (Abruf: 07.07.2011).

T

tagesspiegel.de: Unterschiedlich, aber friedlich. 16.09.2011
http://www.tagesspiegel.de/berlin/unterschiedlich-aber-friedlich/4617972.html (Abruf: 24.11.2011).

V

vibrio. Kommunikationsmanagement Dr. Kausch GmbH : Das Nutzungsverhalten deutscher Journalisten bei Elementen des Web 2.0. Unterschleißheim 2008. S.10. http://www.vibrio.eu/ftp/oracle/Kurzbericht_Oracle-vibrio-Studie_Mai08.pdf (Abruf: 22.12.2011).

Z

zeit.de: Kirche hat Missbrauch laut Gutachten systematisch vertuscht.
http://www.zeit.de/gesellschaft/zeitgeschehen/2010-12/missbrauch-kirche-vertuschung (Abruf: 30.11.2011).

zeit.de: Der digitale Abt. http://www.zeit.de/digital/internet/2011-08/twitter-abt-einsiedeln 18.08.2011. (Abruf: 19.12.2011).

Zerfaß, Ansgar: Corporate Blogs: Einsatzmöglichkeiten und Herausforderungen. 2005.
http://www.zerfass.de/CorporateBlogs-AZ-270105.pdf (Abruf: 20.02.2012).

Zerfaß, Ansgar; Fink, Stephan; Linke, Anne: Social Media Governance 2011 –
Kompetenzen, Strukturen und Strategien von Unternehmen, Behörden und Non-Profit-
Organisationen für die Online-Kommunikation im Social Web. Leipzig, Wiesbaden 2011.
http://www.ffpr.de/fileadmin/user_upload/PDF-
Dokumente/Social_Media_Governance_2011_-_220811_Final.pdf (Abruf: 14.11.2001).

10. Anhang

A. Leitfaden

Leitfrage	Checkliste	Nachfragen
1. Einstieg		
1.1. Wie lange sind Sie im Beruf und welche Ausbildung haben Sie durchlaufen?	• Studium • PR Ausbildung	
1.2. Was ist Ihre Position und was sind Ihre Aufgaben im Bistum?		
1.3. Was ist Ihr berufliches Selbstverständnis?	• Ziel der Arbeit	• Kann man Ihre Arbeit als Öffentlichkeitsarbeit/PR für das Bistum bezeichnen oder betreiben Sie Verkündigung?
1.4. Wie groß ist Ihre Abteilung?		
2. Verständigungsorientierte Öffentlichkeitsarbeit		
2.1. Wie wichtig ist es in einer säkularen Welt, Fakten über die Kirche, deren Interesse und Ziele zu vermitteln und ihr Handeln der Öffentlichkeit verständlich zu machen?		• Strukturen
2.2. In den letzten Jahren wurde das Vertrauen in die Kirche erschüttert. Inwieweit beeinflusst das Ihre Arbeit?		• Ist das Teil Ihrer Arbeit?
2.3. In diesem Zusammenhang wird oft mehr Dialog mit der Öffentlichkeit von der Kirche gefordert. Wie sehen Sie die Bedingungen für einen solchen Dialog und die Aufgabe der kirchlichen Öffentlichkeitsarbeit darin?		
2.4. Wo liegen die Grenzen eines Dialoges?		
2.5. Wenn es zu einem Dialog kommt, welche Schlüsse werden daraus gezogen bzw. welche Folgen hat er?		
3. Social Media		
3.1. Social Media Anwendung		
3.1.1. In Bezug auf Dialog fällt oft das Stichwort Social Media. Was verstehen Sie unter Web 2.0, Social Media, Social Web?	• Soziale Netzwerke • User Generated Content • Rückkanal	
3.1.2.Setzt das Bistum Social Media ein?	*Wenn nein weiter zu 4.*	

3.1.3. Warum nutzt das Bistum Social Media?	• Motivation • Ziel	
3.1.4. Welche Social Media Anwendungen werden eingesetzt?	• sozialer Netzwerke (facebook, xing) • Kurznachrichtendienste (Twitter), • Videoplattformen (Youtube), • Bilderplattformen, • Wikis, • Blogs, • Eigene Angebote?	• Welches ist die wichtigste?
3.2. Art der Nutzung		
3.2.1. Was machen Sie auf den einzelnen Social Media Plattformen?		• Was wird darüber publiziert? • Was sind typische Inhalte? • Gibt es spezielle Inhalte nur für Social Media? • Werden nur eigene Inhalte veröffentlicht?
3.2.2. Welchen Themen oder Ereignisse werden nicht in sozialen Medien thematisiert?	• Tabuthemen	
3.2.3 Wer ist die Zielgruppe, die Sie durch diese Aktivitäten erreichen wollen?	• Kirchennahe Katholiken • Kirchenferne Kritische Katholiken • Nichtkatholiken • Jugend • Internetaffine • Mitarbeiter hautpamtlich/ehrenamtlich	• Funktioniert es / Erreichen Sie sie?
3.2.4. Entsteht durch Social Media ein Dialog oder Interaktion? Wenn ja, wie gestaltet sich dieser?		• Wie oft? • Zu welchen Themen? • NEIN: Woran, denken Sie, liegt es, dass kein Dialog zustande kommt?
3.2.5. Kommt es zu Kritik, negativen Äußerungen oder Konflikten?	• Konstruktive Kritik • Beleidigungen	• Wie wird damit umgegangen (löschen, antworten)?
3.2.6 Gab es bereits irgendwelche Krisensituationen, in denen Social Media eingesetzt wurde?		
3.3. Struktur		
3.3.1. Wie groß ist der Zeitaufwand für die Pflege?		
3.3.2. Wie lange nutzt das Bistum schon Social Media?		
3.3.3. Gibt es konkrete Ansprechpersonen, die Social Media betreuen?		• Ist für die Nutzer ersichtlich, wer das ist?
3.3.4. Wurdem für die Social Media Nutzung Ressourcen verschoben?		

3.3.5. Ist die Bistumsleitung in irgendeiner Form in Social Media involviert?	• aktiv / passiv	
3.3.6. Werden andere Social Media Kanäle als die eigenen beobachtet ?	• Monitoring • andere Blogs, Twitterer, Facebookseiten?	
3.3.7. Wie ist das Verhältnis/ die Bedeutung von Social Media in der Öffentlichkeitsarbeit im Verhältnis zu anderen bistumseigenen und kirchlichen Medien?	• eigene Webseite • Bistumszeitung	
3.3.8. Gibt es ein Social Media Konzept?		• Ist das in ein Gesamt -PR-Konzept eingebunden?
3.3.9. Gibt es Social Media Guidelines?		
3.3.10. Wird der Erfolg von Social Media Maßnahmen gemessen?		• Wie geschieht das?
3.3.11. Hat Social Media Ihre Arbeit verändert?		
4. Warum kein Social Media? (Nur beantworten wenn Bistum kein Social Media einsetzt)		
4.1. Welche Gründe sprechen dagegen, Social Media einzusetzen?	• Fehlende Kompetenz? • Finanzielle und personelle Ressourcen? • Angst vor Kontrollverlust? • Führungsebene dagegen?	
4.2. Was müsste sich ändern, damit Ihr Bistums Social Media einsetzen würde?		
4.3. Ist der Einsatz in Zukunft geplant?		
5. Persönliche Social Media Kompetenz		
5.1. Nutzen Sie Social Media privat?		• Wenn Nein: Warum nicht? • Welche? • Wie?
5.2. Wie schätzen Sie im Allgemeinen Ihre eigenen Fähigkeiten im Umgang mit Social Media ein?		
6. Weitere Entwicklung		
6.1. Wird Social Media in Zukunft eine wichtigere Rolle für Ihre Arbeit und in der katholischen Kirche spielen?	• Hype • Etablierung • Rolle PR	